Bibliothèque personnelle des Maîtres

LOUIS GAU
Ancien Directeur d'École annexe
Inspecteur de l'Enseignement primaire.

DIRECTIONS PÉDAGOGIQUES

à l'usage

DES ASPIRANTS ET DES ASPIRANTES

AU

CERTIFICAT D'APTITUDE PÉDAGOGIQUE

Librairie Armand Colin
Paris, 5, rue de Mézières

Prix : 1 fr. 25

PRÉFACE

Les directions pédagogiques contenues dans ce petit livre ont servi de matière, avant d'être écrites, à des entretiens régulièrement suivis par des Institutrices et des Instituteurs aspirants au certificat d'aptitude pédagogique. Mieux que personne, ces jeunes maîtres pouvaient éprouver l'utilité de ces conseils familiers. Ils ont cru devoir assurer, leur examen passé, que ces directions avaient efficacement contribué à leur préparation et à leur succès. Était-il permis de penser, après ces confidences, que ces directions pourraient être lues avec profit par les Institutrices et les Instituteurs stagiaires entrés en fonctions avant de s'être fait une méthode de travail intellectuel, ou d'avoir été initiés aux études et aux observations pédagogiques? Où qu'ils soient et d'où qu'ils nous viennent, les jeunes maîtres se ressemblent par leur bonne volonté et leur inexpérience; ils sont presque tous condamnés aux mêmes tâtonnements et exposés aux mêmes erreurs. Aussi les mêmes conseils paraissent devoir leur convenir. Cette considération nous a déterminé à publier ceux que nous avons donnés aux Institutrices et aux Instituteurs stagiaires de notre circonscription.

Le titre placé en tête de ces entretiens en indique nettement le caractère : ce sont des directions pédagogiques à l'usage des aspirants et des aspirantes au certificat d'aptitude pédagogique. Notre publication n'est pas un cours de pédagogie, et loin de dispenser les candidats de consulter les ouvrages traitant des questions d'éducation et d'enseignement, elle en recommande expressément l'étude. Quels livres faut-il lire pour se préparer au certificat d'aptitude pédagogique et comment faut-il les lire ? Comment s'exerce-t-on à traiter par écrit une question de pédagogie ? comment organiser sa classe et comment la faire tous les jours pour satisfaire convenablement aux épreuves de l'examen ? Telles sont les principales questions auxquelles nous avons essayé de répondre avec précision, sans craindre d'entrer dans le détail, ni de redire ce que bien d'autres avaient dit avant nous, — et que d'autres encore devront sans doute répéter bien des fois après nous.

Nous n'avons certes pas la prétention d'apporter des idées neuves, trop heureux si nous avons pu exprimer quelques pensées utiles. Les idées qu'on qualifie de banales parce qu'elles sont admises par tous, tirent précisément de cette adhésion générale un caractère de vérité incontestable, de même que les voies les plus fréquentées le sont évidemment parce que, de toutes, ce sont celles qui conduisent le mieux au but. Y a-t-il d'ailleurs des sentiers battus pour qui débute dans une profession ? L'esprit de la jeune femme, du jeune homme ne doit-il pas passer par les mêmes phases, accomplir les mêmes évolutions que les esprits déjà formés ? L'Institutrice, l'Instituteur qui entre aujourd'hui dans l'enseignement doit franchir à son tour et pour son propre compte les étapes par lesquelles nous sommes passés il y a déjà des années ; il doit résoudre les mêmes problèmes et triompher des mêmes difficultés.

Seconder efficacement les bonnes volontés hésitantes, restreindre le plus possible les tâtonnements inévitables, réduire au minimum les tentatives infructueuses qui découragent les mieux intentionnés, rendre l'effort de chacun plus aisé, plus intelligent et plus fécond, tel est notre désir en publiant ces *Directions pédagogiques*. Dans quelle mesure le résultat répondra-t-il à notre intention ? Nos lecteurs le sauront beaucoup mieux que nous-même.

Ce petit guide devant être fréquemment consulté plus encore que lu tout d'une haleine, nous avons mis

DEUXIÈME ENTRETIEN

Des lectures pédagogiques.

TROISIÈME ENTRETIEN

La composition écrite du certificat d'aptitude pédagogigue.

QUATRIÈME ENTRETIEN

De l'organisation pédagogique.

CINQUIÈME ENTRETIEN

L'épreuve pratique et l'épreuve orale du certificat d'aptitude pédagogique.

c) *Les devoirs.*

le bénéfice de l'admissibilité prononcée à la suite de l'épreuve écrite.

« Pour les candidats admissibles, l'épreuve écrite consistera en une classe de trois heures faite par chaque candidat dans la classe ou dans l'école qu'il dirige. Il sera procédé à cette épreuve dans les conditions prévues à l'art. 161, dans le cours de l'année scolaire, par une sous-commission, nommée par l'Inspecteur d'Académie.

« Les instituteurs privés pourront, sur leur demande, subir l'épreuve pratique, soit dans leur propre classe, soit dans une école publique.

« L'épreuve orale prévue par l'art. 162 se fera à la suite de l'épreuve pratique [1]. »

ART. 155. — Les candidats au certificat d'aptitude pédagogique doivent se faire inscrire au bureau de l'Inspecteur d'Académie, quinze jours au moins avant l'ouverture de la session, et déposer :

Une demande d'inscription écrite et signée par eux ;

Un extrait de leur acte de naissance ;

Leur brevet élémentaire ou leur brevet supérieur, s'il y a lieu ;

Un certificat de l'Inspecteur d'Académie constatant qu'ils remplissent la condition de stage ou qu'ils en ont été dispensés [2].

1. Ces trois paragraphes de l'article 154 existaient dans l'arrêté primitif, mais ils n'ont pas été reproduits dans l'arrêté modificatif du 9 décembre 1901.

2. Des dispenses de stage peuvent être accordées par le Ministre, sur l'avis du conseil départemental. (Loi du 30 octobre 1886, art. 23, § 3.)

Art. 156. — Le sujet de la composition écrite est choisi par l'Inspecteur d'Académie.

Le pli cacheté est ouvert, séance tenante, par le président de la commission, en présence des candidats.

Art. 157. — Le dossier de chaque candidat et particulièrement les notes qu'il a obtenues dans l'inspection sont mis sous les yeux de la commission, qui en tiendra compte dans ses appréciations.

Art. 158. — L'examen du certificat d'aptitude pédagogique comprend :

Une épreuve écrite, laquelle est éliminatoire ;

Une épreuve pratique ;

Et une épreuve orale.

Art. 159. — L'épreuve écrite consiste en une composition française sur un sujet élémentaire d'éducation ou d'enseignement.

Trois heures sont accordées pour cette épreuve.

Art. 160. — L'épreuve pratique consiste en une classe faite par le candidat dans une école primaire publique. Les aspirantes peuvent, à leur choix, subir l'épreuve pratique dans une école maternelle ou dans une école de filles.

L'école dans laquelle le candidat est appelé à subir l'épreuve lui est ouverte vingt-quatre heures à l'avance. Il en prend la direction le jour de l'épreuve et est tenu de se conformer à un programme arrêté par la commission.

Ce programme est remis au candidat vingt-quatre heures à l'avance. Il se rapprochera, autant que possible, de l'ordre des exercices inscrits à l'emploi du temps de l'école au jour de l'examen.

Art. 161. — Pour procéder à l'épreuve pratique, la commission d'examen peut se partager en sous-commissions de trois membres au moins. Un Inspecteur Primaire et un Instituteur pour les aspirants, une Institutrice pour les aspirantes, font nécessairement partie de chacune de ces sous-commissions.

L'Inspecteur d'Académie fait partie de droit de toutes les sous-commissions. En cas de partage des suffrages, sa voix est prépondérante.

Art. 162. — L'épreuve orale consiste :

1° Dans l'appréciation de cahiers de devoirs mensuels ;

2° Dans des interrogations en rapport avec les autres épreuves déjà subies par le candidat et portant sur des sujets relatifs à la tenue et à la direction d'une école primaire élémentaire ou maternelle, ou sur des questions de pédagogie pratique.

L'épreuve a lieu devant la commission réunie. La durée n'en doit pas dépasser vingt minutes.

Art. 163. — Chacune des épreuves est jugée d'après l'échelle de 0 à 20. Tout candidat qui n'a pas obtenu la note 10, tant pour l'épreuve écrite que pour l'épreuve pratique est ajourné. Est ajourné également tout candidat qui n'a pas obtenu la moyenne 30 pour l'ensemble des épreuves.

Art. 164. — Sur le vu du procès-verbal de la commission d'examen, le Recteur délivre, s'il y a lieu, le certificat d'aptitude pédagogique, et, dans la quinzaine, adresse son rapport au Ministre sur les résultats de la session dans son académie.

Arrêté ministériel du 4 août 1905
relatif aux écoles normales primaires.

. . . .

Art. 7. — Les candidats au certificat d'aptitude pédagogique qui ont subi avec succès l'examen de fin d'études normales sont dispensés des épreuves autres que l'épreuve pratique.

. . . .

DIRECTIONS PÉDAGOGIQUES
A L'USAGE DES CANDIDATS AU CERTIFICAT D'APTITUDE PÉDAGOGIQUE

PREMIER ENTRETIEN

PLAN D'ÉTUDES POUR LA PRÉPARATION DU CERTIFICAT D'APTITUDE PÉDAGOGIQUE

I. — Objet de cet entretien.
II. — Acquisition des connaissances : 1° psychologie ; 2° systèmes pédagogiques ; 3° pédagogie pratique ; 4° programmes officiels ; 5° journal pédagogique.
III. — Utilisation des connaissances : 1° carnet personnel de pédagogie ; 2° devoirs de pédagogie ; 3° travaux scolaires.
IV. — Conclusion.

Objet de l'entretien. — Le plan d'études pour la préparation du certificat d'aptitude pédagogique que je vais essayer d'esquisser devant vous s'adresse indistinctement à tous les candidats à cet examen, mais il vous sera d'une utilité différente suivant que vous êtes ou que vous n'êtes pas anciens élèves d'école normale, que vous possédez ou non le certificat de fin d'études normales. Normaliennes et normaliens, vous avez fait dans des conditions excellentes les études dont j'aurai à parler : le programme des travaux que j'ai dressé sera surtout pour vous un projet de revision de connaissances acquises. Munis du certificat de fin d'études, vous n'avez d'ailleurs qu'à préparer l'épreuve pratique. Pour ceux d'entre vous qui n'ont pas reçu la préparation professionnelle des écoles normales et qui abordent pour la première fois l'étude de la pédagogie, ce programme sera vraiment un plan d'études. Aussi bien mon entretien d'aujourd'hui et ceux qui le suivront me paraissent-ils devoir être particulièrement utiles aux Instituteurs et Institutrices stagiaires qui ont terminé de très bonne heure leurs études générales et dont l'éducation professionnelle est à peine commencée. Je me suis demandé quelles lectures ils devraient faire, à quels travaux ils devraient se livrer pendant leurs deux années de stage pour se préparer d'une manière rationnelle et complète à l'examen du certificat d'aptitude pédagogique. C'est la réponse à cette double question que je vais vous exposer brièvement.

Tout candidat au certificat d'aptitude pédagogique doit, tout à la fois, acquérir un ensemble de connaissances et s'exercer à les mettre en pratique. Ces connaissances porteront sur la psychologie, les problèmes généraux de l'éducation, la pédagogie élémentaire. Les travaux pratiques auront pour objet la préparation aux épreuves mêmes de l'examen.

*
* *

Psychologie. — La connaissance de l'âme humaine et plus spécialement de l'âme enfantine est le fond sur lequel doivent reposer des études pédagogiques sérieuses. Quiconque se mêle d'éducation doit être informé des divers modes de l'activité psychique, c'est-à-dire des facultés qu'on a distinguées dans l'âme. Sans cesse reviennent en pédagogie les mots *attention, mémoire, imagination, jugement, habitude* dont la signification précise doit vous être familière. Il vous est indispensable de savoir aussi comment l'esprit acquiert, conserve, élabore les connaissances ; d'avoir des idées nettes sur les sensations et les sentiments, sur l'activité instinctive, volontaire, habituelle, etc. Votre premier ouvrage à lire et à analyser attentivement devra donc être un traité élémentaire de psychologie.

Systèmes pédagogiques. — Je souhaite qu'il vous soit possible de lire en second lieu quelques ouvrages — ou du moins les principaux passages — des penseurs qui ont écrit sur l'éducation. J'ai l'intention de vous exposer dans une prochaine causerie[1] l'utilité de ces lectures et de vous donner quelques conseils sur la manière de les conduire. La lecture des pages essentielles des maîtres de la pédagogie, Montaigne, Fénelon, Rousseau, Spencer, etc., vous initierait d'emblée aux

1. Voir deuxième entretien, p. 13.

grands problèmes que tout éducateur — quelque modeste que paraisse son rôle — doit connaître et résoudre. Dans les solutions préconisées par ces écrivains, vous trouveriez matière à réflexions et à expériences. Au contact de ces grands esprits, votre horizon intellectuel s'élargirait et vous découvririez dans les plus simples de vos obligations une portée et une élévation que vous ne soupçonnez pas.

Pédagogie pratique. — Si vous décidiez d'ajourner momentanément ce que j'appellerai les lectures pédagogiques désintéressées, vous devez, dès vos études psychologiques terminées, aborder l'examen d'un traité de pédagogie. Nombreux sont les ouvrages qui contiennent en pages sobres et précises les notions essentielles de la pédagogie élémentaire : vous aurez plutôt l'embarras du choix. Le traité de pédagogie est un ouvrage dont le rôle est capital dans la préparation du certificat d'aptitude pédagogigue. Vous ne sauriez trop le lire et le relire, l'analyser avec attention et méthode, réfléchir sur les idées qui y sont exposées, les rattacher, d'une part, aux notions psychologiques que vous aurez déjà acquises, et, d'autre part, aux observations que vous faites tous les jours dans votre classe. Certains candidats bornent toute leur préparation à l'étude d'un manuel de pédagogie. C'est là une pratique tout à fait insuffisante, car à moins d'une rare vigueur intellectuelle et d'une exceptionnelle puissance de généralisation, leur science pédagogique ne peut être que bornée et terre à terre; ils ne peuvent avoir sur la fonction d'Instituteur que des notions techniques peu où pas liées entre elles, en tout cas non éclairées par des idées générales et la connaissance des principes et des lois. Cette pratique, que je ne saurais approuver, est toutefois de nature à vous renseigner sur le rôle que doit jouer dans votre préparation l'étude d'un traité élémentaire de pédagogie.

Programmes officiels. — Vous aurez appris dans cet ouvrage *comment* il faut enseigner; mais où vous renseignerez-vous sur *ce* qu'il faut enseigner? Vous surprendrai-je beaucoup si je vous dis qu'un grand nombre de jeunes maîtres n'ont point en mains le texte officiel des programmes de l'enseignement primaire? Ils s'en rapportent aux auteurs de livres classiques du soin de les éclairer sur les notions qu'ils sont tenus d'enseigner à leurs élèves, tandis qu'au contraire le texte officiel des programmes devrait les guider dans le choix de leurs livres classiques. Vous ne manquerez pas de doubler votre manuel de pédagogie de la brochure[1] contenant le texte officiel des programmes des écoles primaires élémentaires. Ces programmes sont précédés de directions sur l'éducation physique, intellectuelle et morale qui sont de tout point remarquables et qui compléteront très

1. Voir Brouard et Defodon : *Les nouveaux Programmes des Écoles primaires*. Librairie Hachette et Cie, Paris.

heureusement les connaissances que vous aurez acquises dans votre manuel de pédagogie.

Journal pédagogique. — Où chercher des exemples précis d'application des programmes et de mise en pratique des méthodes et procédés d'enseignement combinée? Vous les trouverez dans des publications spéciales rédigées pour guider, éclairer et soutenir les maîtres dans leur tâche, dans les journaux pédagogiques. Les progrès réalisés par l'enseignement primaire pendant ces trente dernières années se sont traduits dans la presse pédagogique. Les problèmes qu'elle discute avec une réelle élévation de pensée trouvent assez souvent un écho dans les journaux quotidiens et sollicitent parfois l'attention du grand public. La « partie scolaire » a progressé en même temps que la « partie générale ». Vous y trouverez sous le titre de « directions et conseils » des notions de pédagogie appliquées à l'enseignement de questions très déterminées. Vous saisirez dans ces directions la manière d'adapter les procédés d'enseignement, — forcément généraux et vagues — à tel sujet particulier, à telle question spéciale. Ces conseils sont suivis d'exemples : plans de leçons, choix de devoirs, modèles de corrections, dont vous ne sauriez trop vous inspirer. A côté des idées et des faits qui constituent le fond de la leçon, les auteurs des plans ont l'habitude d'indiquer, pour les maîtres inexpérimentés que vous êtes, *comment* la leçon doit être conduite, les questions qui doivent être posées pour provoquer chez l'enfant l'effort intellectuel souhaité. De plus en plus les journaux pédagogiques présentent ainsi des leçons suggestives qui orientent l'activité du maître, éveillent son initiative, l'inspirent pour la composition d'exercices analogues. C'est assez vous dire qu'un bon journal pédagogique qui sera pendant toute votre carrière un conseiller utile est un élément indispensable dans votre éducation professionnelle.

Autres sources. — Telles sont les principales sources où vous pourrez puiser les connaissances pédagogiques qui vous sont nécessaires pour subir avec succès l'examen du certificat d'aptitude pédagogique. Il en est bien d'autres, je me contente de les énumérer : pour les normaliens, cours professés, directions reçues à l'école normale et à l'école annexe; pour tous, entretiens avec des collègues sur des questions d'enseignement, directions données par l'Inspecteur primaire en conférence pédagogique ou à la suite de la visite de votre classe. N'oubliez pas surtout que la source inépuisable de connaissances professionnelles, c'est votre classe même : si vous savez observer, comparer, réfléchir, vous pourrez acquérir tout en la faisant les notions pédagogiques les plus utiles et les plus vraies.

*
* *

Comment utiliser les connaissances ainsi acquises ?

Quels travaux personnels devrez-vous faire, à quels exercices devrez-vous vous livrer pour vous préparer aux épreuves de l'examen ? Pour mettre un peu d'ordre et de clarté dans vos idées, il y aurait lieu, me semble-t-il, de les condenser et de les classer dans un carnet : ce travail constituerait une sorte de cours personnel de pédagogie. Vous devrez vous exercer ensuite à tirer parti de ces connaissances dans des devoirs de pédagogie, préparation à l'épreuve écrite ; — dans tous les exercices que comprend l'emploi du temps de votre classe, préparation aux épreuves pratiques.

Carnet de pédagogie. — Il serait tout à la fois intéressant et utile de réunir toutes vos notions de pédagogie pratique dans une sorte de cours qui comprendrait pour chacun des exercices scolaires (lecture, récitation, vocabulaire, composition française, histoire, arithmétique, etc., etc.) les indications suivantes :

1° *Objet de l'enseignement :* sobre résumé du programme, des notions à enseigner ou des résultats à obtenir dans chacun des cours de l'école primaire ;

2° *Son utilité pratique ;*

3° *Son rôle éducatif :* facultés que cet enseignement doit développer et orientation qu'il doit leur donner ;

4° *Méthode et procédés* à employer pour que cet enseignement réalise bien sa double fin pratique et éducative ;

5° *Plans de leçons :* un plan pour chaque cours comprenant : 1° opérations successives que comporte une leçon complète ; 2° objet de chacune d'elles ; 3° procédés leur convenant.

6° *Exercices d'application :* conditions à remplir par un exercice bien composé ; qualités d'exécution à demander aux élèves ; mode de correction.

Si, à l'étude spéciale de chacun des exercices scolaires, vous ajoutez quelques questions plus générales portant sur la discipline, l'organisation pédagogique[1], le choix des livres, les institutions auxiliaires de l'école etc., vous aurez réuni dans votre carnet les données essentielles d'un cours de pédagogie pratique. Il ne vous restera qu'à vous exercer à les utiliser en vue des épreuves de l'examen.

Devoirs de pédagogie. — Vous devez traiter sous forme de devoirs écrits des questions de pédagogie analogues à celles qui sont données à l'examen. J'ai l'intention de consacrer un entretien spécial à la composition écrite du certificat d'aptitude pédagogique[2]. Je vous donnerai ce jour-là quelques conseils sur l'analyse d'un texte de devoir, l'élaboration du plan, la rédaction des paragraphes, etc. Laissez-moi vous recommander aujourd'hui de ne pas attendre à la veille de l'examen pour vous exercer à composer des devoirs de pédagogie. Je ne crois pas que ce soit trop d'un travail écrit par mois, mettons, si vous voulez, de quinze à vingt devoirs à répartir sur vos deux années

1. Voir quatrième entretien, p. 41.
2. Voir troisième entretien, p. 27.

de stage pour vous entraîner sérieusement à l'épreuve écrite du certificat d'aptitude pédagogique.

Faire corriger vos devoirs. — Vous aurez soin de soumettre vos travaux au contrôle et à l'appréciation de juges éclairés. Dans ces dernières années ont paru des publications spéciales destinées à préparer au certificat d'aptitude pédagogique les Institutrices et les Instituteurs stagiaires. Vous trouverez dans ces publications, avec des directions excellentes, des corrections très judicieuses. A chaque journal pédagogique est attaché un Comité de préparation aux examens professionnels qui se charge de la correction des travaux des candidats. Enfin, vous savez que les Inspecteurs sont toujours disposés à corriger les travaux que vous leur adressez. Les moyens de travailler ne vous font pas défaut. Il y aurait d'ailleurs un grand intérêt pour vous à ne pas vous en tenir à un seul juge. Chaque correcteur, suivant sa manière de comprendre et de sentir, apercevra en vous telles qualités à développer, tels défauts à combattre. Si vous faites appel à plusieurs, l'un d'eux pourrait peut-être découvrir en vous ce qui aurait échappé à l'autre, vous recevrez d'un troisième des conseils auxquels les premiers n'avaient pas songé : les directions de vos correcteurs se compléteront et vous serez ainsi vraiment éclairés sur vous-mêmes et sur les moyens de vous perfectionner.

Travaux scolaires. — En vue des épreuves pratique et orale, je ne peux que vous engager à réaliser dans votre classe les notions de pédagogie tirées de vos lectures ou de vos entretiens avec vos maîtres, vos collègues ou vos chefs. De même que pour la composition écrite, je me propose de consacrer une causerie sur les conditions à remplir pour subir avec succès les épreuves de la deuxième série[1]. Mais comme il s'agit d'idées à réaliser et d'habitudes à acquérir, persuadez-vous dès maintenant que quelques jours ou quelques semaines d'un travail consciencieux n'y sauraient suffire : un effort quotidien soutenu pendant des mois et des années peut seul développer en vous les qualités exigées des candidats à la titularisation. Préparez tous les jours vos leçons avec le plus grand soin ; exposez-les avec une activité intelligente. Faites de votre classe un laboratoire où, dans une expérimentation incessante, vos idées soient soumises à l'épreuve des faits, vos constatations de détail rattachées aux règles générales et aux lois formulées dans les livres. Vous observant vous-mêmes après avoir observé les autres, sachez exercer un contrôle attentif sur votre propre effort, rechercher sérieusement les vraies causes de votre échec ou de votre réussite. Que votre classe — j'entends la physionomie de vos élèves, leurs réponses, leurs efforts, leurs progrès — que votre classe soit comme une glace dans laquelle vous suivrez votre propre action, et, avec une entière liberté d'esprit et la

1. Voir cinquième entretien, p. 65.

plus grande sincérité, vous découvrirez vos défauts pour vous en corriger, vos qualités pour les conserver, les développer, les accroître. La pédagogie ne vaut qu'autant qu'elle se réalise en actes : les notions théoriques apprises dans les livres seraient sans vertu si elles n'étaient vivifiées par le labeur personnel, intelligent et probe auquel je vous convie.

*
* *

Conclusion. — Tel est le plan d'études et de travail que vous pourriez adopter pour vous préparer au certificat d'aptitude pédagogique. Ce programme vous paraîtra peut-être un peu vaste : mais ne disposez-vous pas de près de deux années pour votre préparation ? Si vous consacrez régulièrement tous les jours un peu de temps, une heure, une demi-heure à votre travail personnel, vous accomplirez un effort total qui vous surpendra, vous réussirez à acquérir sans surmenage et presque sans fatigue les connaissances théoriques et les habitudes professionnelles qui font les maîtres.

DEUXIÈME ENTRETIEN

DES LECTURES PÉDAGOGIQUES

Objet de l'entretien. — Dans un précédent entretien, je vous disais que la lecture des pages essentielles des maîtres de la pédagogie[1], Montaigne, Fénelon, Rousseau, Spencer, etc., vous initierait d'emblée aux principales questions que tout éducateur, quelque modeste que paraisse son rôle, doit connaître. Plusieurs d'entre vous, je le sais, ont été embarrassés pour analyser et juger les ouvrages pédagogiques dont la lecture était recommandée. Je voudrais vous donner

1. Voir PARISOT et HENRY : *Les meilleures Pages des Écrivains pédagogiques*. Librairie Armand Colin.

quelques conseils précis, quelques règles pratiques qui rendront votre travail plus aisé, plus intéressant et plus fécond. Mais, au préalable, il me paraît nécessaire d'appeler votre attention sur l'utilité des lectures pédagogiques au double point de vue de votre culture intellectuelle et de votre éducation professionnelle. Nous examinerons dans la suite comment ces lectures doivent être faites pour qu'elles produisent tous leurs effets utiles.

* * *

Utilité des lectures pour la culture intellectuelle. — Les lectures pédagogiques contribueront à éveiller ou à entretenir chez vous l'activité intellectuelle. La pédagogie est une matière austère qui, loin d'apporter à l'esprit un repos ou une distraction, exige un sérieux effort d'attention. Or la tension d'esprit indispensable pour comprendre des idées abstraites est la première forme de l'activité de la pensée. Cette activité se manifeste ensuite dans l'élaboration intellectuelle. Les idées acquises suscitent des comparaisons, soit avec d'autres idées, soit avec les données de l'expérience, et ces comparaisons seront la source de réflexions, de jugements, de raisonnements.

Les lectures pédagogiques qui provoquent l'activité de la pensée éveilleront peut-être en vous le goût des problèmes élevés. Un esprit même superficiel qui parvient à comprendre une idée, trouve dans sa propre activité une réelle satisfaction. Cet attrait peut donner naissance à un besoin, créer une habitude, orienter définitivement la pensée vers des questions qui l'avaient jusqu'ici laissée indifférente. A votre âge, l'étude approfondie d'un ouvrage sérieux peut avoir une influence décisive. En tout cas, il est certain que les lectures pédagogiques qui éveillent, excitent et développent l'intelligence, fourniront un aliment à votre activité et vous feront vivre de la vie de l'esprit.

Premier bénéfice professionnel. — Et je note tout de suite un premier bénéfice pour votre éducation professionnelle. On ne peut être une bonne Institutrice, un bon Instituteur que si l'on a le goût des œuvres de l'esprit, si l'on est une femme ou un homme cultivé. L'Instituteur dépourvu de culture aura beau faire sa classe avec conscience, il n'y apportera ni vigueur de pensée, ni élévation, et il n'exercera pas une action profonde sur les intelligences. Par contre, le maître cultivé donne aux explications les plus ordinaires, aux exposés les plus modestes toute leur réalité et toute leur ampleur. Il parvient à la vraie simplicité, parce qu'il sait distinguer dans les faits l'essentiel de l'accessoire; il sait adapter son enseignement à son jeune auditoire parce que la connaissance psychologique de ses élèves lui permet de manier à propos les ressorts délicats des âmes enfantines.

Mais c'est aussi par les notions que vous y puiserez que les lectures pédagogiques contribueront à votre préparation professionnelle. Lire les ouvrages des penseurs et des philosophes qui se sont occupés de questions d'éducation, c'est compléter, élargir et élever les notions de pédagogie élémentaire qui trouvent leur application dans votre pratique quotidienne.

Les « principes » et le « métier ». — Dans n'importe quel travail, on peut distinguer, d'une part, un ensemble de procédés techniques, le « métier », et, d'autre part, quelques « principes », explication et raison d'être de ces procédés, qui forment ce qu'à défaut d'une expression plus simple, j'appellerai la *philosophie de la profession*. Le maçon qui fait son mortier mélange, par exemple, deux parties de sable avec une partie de chaux et une certaine quantité d'eau. Mais le choix de ces trois corps et la proportion du mélange sont déterminés par les propriétés de ces corps et le degré de liant du mortier à obtenir. Le maçon ignore probablement les principes qui ont permis d'établir la formule de son mortier ; mais l'architecte qui a fourni la formule les connaît. S'il est possible d'être un maçon très honorable sans posséder les connaissances d'un architecte, je tiens pour assuré qu'un Instituteur qui ne saurait sur sa profession que recettes et formules et ne se serait point élevé jusqu'à la connaissance des principes qui les expliquent et les justifient, je tiens pour assuré que ce maître ne sera jamais qu'un très médiocre éducateur. La spécialisation à outrance des professions manuelles deviendrait une absurdité dans les carrières libérales et surtout dans celle qui a pour objet la culture de l'âme humaine. S'il est utile qu'un Instituteur possède les recettes de son « métier », il est indispensable qu'il ait sur sa fonction d'éducateur un certain nombre d'idées générales, et, pour tout dire d'un mot — bien ambitieux peut-être, — il faut que chez lui le technicien soit doublé d'un philosophe.

Il est donc nécessaire que vous sachiez qu'à chaque conception de la vie, à chaque morale, correspond un système particulier de pédagogie. Le but que les hommes assignent à la vie détermine, en effet, l'orientation à donner à celle de l'enfant et du jeune homme, c'est-à-dire l'objet de l'éducation.

Éducation antique. — La morale antique[1] ou esthétique, formulée par Socrate, Aristote, Épictète, Marc-Aurèle, était fondée sur la connaissance de la nature humaine ; son principe était l'ordre et l'harmonie. Elle a donné naissance à un système d'éducation qui se proposait de développer chez l'enfant et l'adolescent, avec la beauté physique, le sens de l'ordre et de la mesure pour aboutir à un idéal de justice et de raison.

Éducation chrétienne. — La morale chrétienne, fondée par Jésus, propagée par les Apôtres, s'est unie à la philosophie hellénique, a triomphé dans le monde

1. Voir Émile Boutroux : *Questions de Morale et d'Éducation.* Delagrave, édit., Paris.

romain, a dominé pendant tout le moyen âge et inspire encore bien des consciences. Jésus recommande l'amour de Dieu, — conçu comme un père, — et de son prochain, la pratique du renoncement et de la pénitence. Le système d'éducation issu de cette morale pose pour principe que la nature humaine, corrompue par le péché originel, est mauvaise : l'éducation sera surtout répressive. Il faut mater le corps, combattre les mauvais penchants, humilier la raison, soumettre sa conduite à des règles extérieures, assouplir et dompter la volonté par des pratiques matérielles, se résigner au mal, accepter les autorités établies, les injustices traditionnelles pour mériter les compensations infinies que Dieu réserve à ses élus dans la vie future.

Éducation moderne. — A la suite de la Renaissance se sont formées des doctrines morales nouvelles dont l'ensemble constitue la morale moderne. S'il n'était impossible de condenser en une étroite et courte formule un ensemble d'aspirations tous les jours élargies par une conception plus humaine de la moralité, je vous dirais que la conscience moderne estime la vie bonne en soi et digne d'être vécue ; que « le devoir essentiel pour chacun est de donner à sa vie consciente intensité, profondeur, étendue », de « faire en soi l'accord de la sensibilité et de la vérité dominante » par « le respect mutuel » et « la coopération des hommes vivant en société[1] ».

1 Voir Jules PAYOT : *Cours de Morale*. Librairie Armand Colin.

Pour répondre à l'idéal moderne de la vie, l'objet de l'éducation sera le développement harmonique de l'individu et son adaptation au milieu social. L'éducation physique tendra donc à donner au corps santé, force, agilité, souplesse et grâce : la beauté qui n'est plus le but unique de cette éducation en sera cependant la conséquence heureuse. L'éducation intellectuelle cultivera toutes les formes de l'activité mentale ; elle développera l'ouverture d'esprit et le sens critique, car l'homme moderne doit saisir les multiples aspects de la vérité. L'éducation morale trempera la volonté ; elle donnera à l'enfant tous les courages, celui de mépriser le danger physique et celui de braver l'opinion pour demeurer fidèle à soi-même, à ses affections ou à la vérité ; elle lui révèlera l'étroite solidarité qui unit les générations entre elles, fait bénéficier l'homme d'aujourd'hui des efforts de tous ceux qui l'ont précédé et l'oblige à accepter la loi de justice.

Philosophie, éducation, pédagogie. — Vous le voyez, le but que les civilisations successives ont assigné à la vie a toujours déterminé l'idéal qu'elles se sont fait de l'éducation. Pour être un véritable éducateur, il faut pouvoir remonter du procédé élémentaire de pédagogie jusqu'au système général d'éducation issu lui-même d'une certaine conception de la vie. Le maître qui a sérieusement lu et médité les ouvrages des écrivains pédagogues est capable de saisir cette relation. Pour lui les méthodes éducatives ne sont pas des règles empiriques, elles participent dans leur origine et dans leur objet de l'élévation d'un système philosophique. Mieux qu'aucun autre, il apercevra le caractère propre d'une méthode, découvrira la vraie manière de l'appliquer sans la fausser, de l'adapter par d'ingénieux procédés à tel groupe d'élèves déterminé. Il n'est pas douteux que la technique professionnelle s'élargit et s'élève dans ce contact avec des idées générales, et que, d'autre part, ces idées donnent à cette technique toute sa force et toute sa portée. Et c'est ainsi que les lectures pédagogiques contribueront dans l'une des professions les plus délicates, à faire de vous des « maîtres ».

* * *

Comment vos lectures devront-elles être conduites pour produire tous les effets utiles que je viens d'indiquer? Telle est la question à laquelle je dois répondre dans la deuxième partie de cette causerie. N'attendez pas de moi une réponse trop précise: je ne vous apporte pas des recettes commodes s'appliquant à tous les cas possibles, des règles rigoureuses à l'efficacité infaillible. Non, vous n'ignorez pas que la manière d'analyser un ouvrage varie avec sa composition même. Dans un entretien qui vise des œuvres aussi différentes que le chapitre xxv des *Essais*, l'*Émile*, l'*Éducation intellectuelle, morale et physique*, etc., je ne peux vous donner que des directions générales qu'il vous appartiendra d'appliquer à chaque cas en particulier.

La lecture d'un ouvrage de pédagogie comporte les trois opérations suivantes :

1° *Analyse* sérieuse de l'ouvrage : c'est une œuvre de discernement et de mémoire qui aboutit à des notes à prendre ;

2° *Intelligence* profonde du système pédagogique exposé ;

3° *Jugement* éclairé de ce système.

Ces trois opérations seront complétées par l'application à votre classe ou à vous-même des idées justes contenues dans l'ouvrage étudié. Examinons avec quelque détail comment ces opérations doivent être conduites.

Analyse du livre. — 1° L'AUTEUR ET LE MILIEU. — L'analyse d'un ouvrage chapitre par chapitre doit être précédée d'une sobre documentation, d'une étude d'ensemble extérieure à l'ouvrage même. Je précise. Avant de commencer la lecture du livre, vous devez vous renseigner sur *le milieu* dans lequel l'ouvrage a paru, c'est-à-dire sur le pays et l'époque de sa publication ; sur l'*auteur* qui peut être un philosophe, ou un éducateur, ou un écrivain, ou un homme d'État, etc. ; — sur la *place* que l'ouvrage occupe dans l'ensemble de l'œuvre de cet auteur.

2° L'OBJET DE L'OUVRAGE. — Vous ne négligerez pas d'examiner attentivement le *titre* qui indique souvent l'idée générale et l'objet de l'ouvrage. Si le livre contient une *introduction,* une préface, un avis au lecteur, ne manquez pas d'en faire une étude attentive. C'est une bonne fortune pour vous, si l'auteur a pris soin de vous renseigner lui-même sur les circonstances dans lesquelles il a été amené à écrire l'ouvrage, sur la pensée directrice qui l'a guidé et soutenu, sur le but qu'il s'est proposé d'atteindre etc.

3° Le plan. — Après cette étude de l'introduction, vous vous reporterez à *la table des matières :* elle vous fera connaître les grandes divisions de l'ouvrage et si elle est détaillée, comme il arrive parfois, vous y recueillerez tout à la fois de précieuses indications sur la matière de l'œuvre et l'ordre suivi dans l'exposé, c'est-à-dire sur le plan de l'ouvrage.

Arrivé en ce point de votre travail, et bien que vous n'ayez pas encore commencé l'étude de l'œuvre elle-même, vous en connaissez l'idée générale et le plan, connaissance superficielle sans doute et assez imparfaite, mais déjà réelle, et, en tout cas, préparation excellente à une étude plus complète.

4° Analyse des chapitres. — Vous êtes prêt à lire le livre chapitre par chapitre. Pour la commodité de mon exposé, je désigne sous ce mot les diverses parties de l'œuvre, bien que les auteurs n'aient pas toujours pris soin de répartir en chapitres distincts la matière de leur ouvrage. Dans votre lecture, vous devrez vous efforcer de :

— *a*) dégager l'idée générale de chaque chapitre et de la distinguer des idées secondaires ;

— *b*) à partir du chapitre II, rattacher ce chapitre au précédent, et rechercher le lien qui les unit ;

— *c*) souligner la place que l'idée exposée dans le chapitre occupe dans l'ensemble de l'œuvre. Il est des développements accessoires ; il y a, par contre, des chapitres essentiels dans lesquels la démonstration se noue et les conclusions se préparent ;

— *d*) étudier les conclusions qui sont très importantes. Leur examen doit faire l'objet de toute votre attention ; vous devez, notamment, les rapprocher de l'introduction pour apprécier dans quelle mesure l'intention de l'auteur a été réalisée, les promesses du titre et de la préface ont été tenues.

5° NOTES A PRENDRE. — Je ne saurais trop vous recommander de consigner le résultat de vos lectures dans un carnet de notes. Ayez toujours, quand vous lisez, la plume à la main et un cahier à votre portée. Réservez une moitié de la page pour les notes proprement dites : résumé des idées de l'auteur, citations sobres mais judicieusement choisies. Consacrez l'autre moitié à des notes marginales qui facilitent les recherches, à l'appréciation des idées exprimées, à des indications ultérieures sur les idées analogues rencontrées au cours d'autres lectures. Vos notes doivent être le résultat de l'intelligence de l'œuvre et des appréciations que vous portez sur elle ; il ne saurait donc y avoir de règle pour prendre des notes ; elles sont d'autant mieux prises que l'on sait mieux comprendre et mieux juger.

Intelligence du système d'éducation. — Il ne suffit pas, en effet, de dégager par une sérieuse analyse les idées essentielles contenues dans un ouvrage de pédagogie, il faut s'élever jusqu'à une intelligence d'ensemble du système pédagogique exposé, qui seule permet de le juger. Pour comprendre vraiment, il faut lire avec attention et avec liberté d'esprit. Lisez et relisez le même chapitre avec toute la vigueur d'esprit dont vous êtes capable. Pensez-y après l'avoir lu pour en dégager peu à peu l'idée et vous en pénétrer. Vivez dans l'intimité de cette idée. Livrez votre intelligence à l'auteur pour recueillir l'empreinte vigoureuse de sa pensée. Au début, cet effort intellectuel vous paraîtra difficile, douloureux même ; vous ferez des tentatives de courte durée, mais souvent renouvelées. Peu à peu votre intelligence acquerra de la vigueur et vous deviendrez progressivement capables d'une attention énergique, d'efforts intenses orientés vers une seule idée[1].

Vous ferez preuve de liberté d'esprit si dans vos lectures vous êtes disposés à accueillir avec sympathie toute idée nouvelle, à ne pas souffrir de sa nouveauté, même si cette idée heurte vos propres idées. La liberté d'esprit est la tolérance de l'intelligence ; sans elle, il n'y a pas de compréhension vraie.

Appréciation de ce système. — L'œuvre étant

1. Voir Jules Payot : *L'Éducation de la Volonté*, Félix Alcan, édit.

comprise, il faut l'apprécier et en dégager une idée qui viendra enrichir, vivifier et élever votre pratique scolaire. Vous vous étiez uni à l'œuvre pour la mieux comprendre : par un effort contraire, essayez de vous en détacher pour l'apercevoir à distance dans son ensemble. Redevenant vous-même, appliquez-vous à la juger. Comparez les idées émises dans l'ouvrage à celles que vous possédez déjà sur le même sujet, soit que vous les ayez rencontrées dans d'autres auteurs, soit qu'elles résultent de votre expérience propre. Si vous apportez quelque intelligence à votre travail, du moment que vous faites œuvre d'éducateurs, vous avez fait quelques observations, quelques constatations qui forment un fonds personnel de vérités pédagogiques auxquelles vous pouvez comparer les idées émises dans l'ouvrage étudié. De cette comparaison doit sortir un jugement, une appréciation du système pédagogique analysé. Je ne vous demande pas d'ailleurs d'exprimer votre jugement par une formule étroite, peut-être risquée et qui pourrait paraître pédante ; contentez-vous plus simplement de retenir pour votre usage toute idée qui vous a paru juste et pratique, rationnelle et utile

Application pratique. — Et comme la pédagogie est, avant tout, une science d'action et qu'une idée ne vaut qu'autant qu'elle se réalise en un acte, vous vous hâterez d'appliquer dans votre classe les idées acquises dans vos lectures, afin de les expérimenter et d'en éprouver la vertu. Ainsi les pensées des auteurs pédagogues seront pour vous des principes d'action ; elles prendront vie et se manifesteront finalement dans la manière dont vous vous acquitterez de vos devoirs professionnels.

*
* *

Conclusion. — En résumé, et pour clore ce très long entretien, je vous dirai : les lectures pédagogiques vous mettent en rapport avec les plus grands esprits ; elles contribuent à votre culture intellectuelle et elles augmentent votre valeur professionnelle. Ainsi entendue la science de l'éducation, loin de n'être qu'un recueil de recettes et de procédés, participe de l'élévation des plus hautes conceptions de la pensée humaine, et la fonction d'éducateur qui a pour objet de développer ce qu'il y a de meilleur dans l'homme, nous apparaît comme l'une des plus nobles qui soient.

TROISIÈME ENTRETIEN

LA COMPOSITION ÉCRITE DU CERTIFICAT D'APTITUDE PÉDAGOGIQUE

I. — Objet de l'épreuve : 1° elle porte sur une question « d'éducation ou d'enseignement » ; 2° c'est une « composition française ».

II. — Les idées : 1° analyse du texte proposé ; 2° le vrai sujet ; 3° le plan général ; 4° les idées secondaires.

III. — L'expression : 1° entrée en matière ; 2° objet et composition du paragraphe ; 3° la conclusion, son importance ; 4° la langue.

IV. — Conseils pratiques : 1° travaux en temps limité, emploi du temps ; 2° exécution matérielle.

V. — Conclusion.

Objet de l'épreuve écrite. — L'examen du certificat d'aptitude pédagogique comprend en premier lieu une épreuve écrite qui est éliminatoire. « L'épreuve écrite consiste, suivant l'article 159 de l'arrêté organique, en une composition française sur un sujet élémentaire d'éducation ou d'enseignement. Trois heures sont accordées pour cette épreuve. »

Veuillez supposer un instant qu'au lieu d'être aspirants au certificat d'aptitude pédagogique vous êtes avec moi, membres de la Commission chargée d'apprécier les compositions écrites des candidats. Ce renversement des rôles va nous permettre de rechercher ensemble les qualités que l'arrêté ministériel nous donne le droit et nous fait une obligation de rechercher dans la composition écrite.

Une question d'éducation ou d'enseignement. — Observons d'abord que l'art. 159 fait porter le sujet de l'épreuve sur une question *d'éducation ou d'enseignement* : ces deux mots sont beaucoup plus riches, ont un sens beaucoup plus large que le mot plus technique et plus spécial de *pédagogie*. Le choix de ces deux termes dénote une intention qui doit être pour nous une indication utile. Nous devons demander au candidat de prouver par sa composition écrite qu'il a des connaissances suffisantes sur l'éducation et l'enseignement. Sans prétendre exiger de lui des notions originales ou des aperçus nouveaux, nous chercherons dans sa copie des idées justes et du bon sens. Nous nous assurerons s'il a su s'assimiler les connaissances pédagogiques puisées dans des livres, s'il les a soumises au contrôle de sa propre expérience, s'il sait enfin exposer ses idées et au besoin les défendre.

Une composition française. — « L'épreuve écrite consiste, d'après l'arrêté organique, en une *composition* *française* ». C'est assez dire que, examinateurs, nous tiendrons le plus grand compte des qualités de composition et des qualités de forme : l'ordre et l'unité que le candidat aura mis dans son exposé, la correction et la clarté de la langue seront pour nous d'importants éléments d'appréciation. Ne soyez point surpris que dans un exposé de pédagogie la mise en œuvre ait autant d'importance que la justesse des idées. La composition et la forme révèlent des qualités pédagogiques de première importance. Celui qui expose ses idées suivant un ordre rigoureux est un esprit ordonné, capable de donner un enseignement méthodique, de cultiver les intelligences. Et le maître qui écrit avec clarté et précision connaît sa langue ; il saura donc se faire entendre de ses élèves. Éveiller chez eux le besoin d'idées claires, leur donner le sens de l'ordre, provoquer une activité rationnelle et réglée, n'est-ce point l'essentiel de la culture intellectuelle et morale? Le maître qui peut exercer cette action est certainement bien pourvu d'aptitudes pédagogiques.

En résumé : si vous étiez examinateurs, vous estimeriez que les candidats, dans leur composition écrite, doivent prouver que les questions élémentaires d'éducation et d'enseignement leur sont familières et qu'ils savent s'exprimer avec ordre et correction.

*
* *

Veuillez dépouiller maintenant votre personnalité

artificielle d'examinateur, et, redevenus des Instituteurs et des Institutrices stagiaires candidats au certificat d'aptitude pédagogique, recherchons ensemble, comment vous devez procéder pour donner de vous cette opinion.

Ne pas se hâter d'écrire. — Dès que le sujet d'une composition est donné, bien des écoliers et quelques jeunes maîtres inexpérimentés prennent leur plume et d'une main fiévreuse s'empressent de fixer sur le papier au hasard d'une inspiration désordonnée toutes les idées qui se présentent à leur esprit. Je vous conseille de procéder avec moins de hâte et plus de méthode.

Analyser le texte proposé. — Tout comme si vous aviez à préparer une lecture expliquée, vous ferez une analyse méthodique du texte de la composition : vous le lirez posément, vous le relirez plusieurs fois, attentivement, avec réflexion. Vous y distinguerez bientôt les mots essentiels, ceux qui expriment les idées importantes et vous les soulignerez. Vous dégagerez peu à peu, la plume à la main, la signification précise de chacun de ces mots pris isolément. Puis, vous vous efforcerez de déterminer l'acception spéciale que ces mots ont dans le texte, le sens qui leur vient des mots qui les entourent. Vous serez ainsi conduits par un effort d'attention encore plus intense à saisir nettement le rapport que ces mots ont entre eux. Vous vous élèverez enfin jusqu'à l'intelligence de la question qui vous est proposée.

Saisir la vraie nuance du sujet. — Ce sera très certainement une question déjà étudiée, que vous aurez peut-être reconnue, dès la première lecture, comme vous étant assez familière. Mais l'examen méthodique auquel vous aurez soumis le texte du devoir, le lent et patient effort que vous aurez ainsi accompli, vous aura aidés à découvrir le point de vue spécial auquel l'auteur du sujet s'est placé. Et c'est ce point de vue qui donne au sujet sa marque propre et le distingue de tous ceux qui pourraient être proposés sur la même question. Les questions d'enseignement ou d'éducation, sont, en somme, en nombre très limité. Par contre, le nombre des sujets est infini, la même question pouvant être envisagée des points de vue les plus divers. Le tour employé dans la rédaction du texte ne suffit-il pas souvent à donner au sujet une orientation spéciale, une nuance particulière? C'est cette nuance qu'il faut saisir avec précision pour traiter le sujet tel qu'il est proposé et répondre vraiment à l'intention de l'auteur.

Le plan général de la composition. — L'étude attentive du texte vous aura donné une conception générale et déjà précise de votre devoir. Dès la fin de cette étude vous sentirez dans quel sens vous allez traiter la question. Les ouvrages de rhétorique distinguent soigneusement, pour les nécessités de l'exposition, la recherche des idées ou *invention* de l'ordre à leur donner ou *disposition*. Dans la pratique de la composition française ces deux opérations se pénètrent et se complètent réciproquement. L'intelligence de la question proposée ne va pas sans une vue des grandes divisions du sujet. Un plan général s'impose dès lors à l'esprit bien que toutes les idées secondaires ne se soient pas encore présentées à lui. De même que vous avez écrit les diverses significations des mots essentiels du texte, il faudra écrire dès l'abord ce plan d'ensemble, ces divisions générales de votre travail. Elles vous guideront pour la recherche des idées secondaires : ce sera un cadre commode qui maintiendra votre pensée dans la vraie question et qui, par le phénomène bien connu de l'association des idées, vous suggérera les notions et les faits destinés à nourrir votre argumentation.

La distinction des paragraphes. — Dans l'élaboration de votre plan vous devez vous attacher à rechercher et à préciser les divers paragraphes dont se composera votre développement. Je vous donnerai dans la suite quelques conseils sur la composition et la rédaction du paragraphe. Pour l'instant, laissez-moi vous recommander d'exprimer en une phrase complète l'idée maîtresse de chaque paragraphe qui doit être toujours l'une des idées essentielles du sujet, et de noter à la suite en quelques mots les exemples, les comparaisons, les réflexions, bref, toute la matière destinée à être utilisée dans le développement de cette idée. Vous aurez soin de noter chaque idée à la place même qu'elle doit occuper dans le plan général arrêté au début de votre travail. Vous n'oublierez pas d'indiquer sobrement le lien qui unit les idées entre elles et le rapport de chacune d'elle avec l'idée générale qui domine votre démonstration. Votre devoir n'aura le caractère d'un ensemble judicieusement composé que si toutes vos idées sont classées dans un ordre rigoureux et si elles concourent toutes à produire l'unité d'impression que traduira avec force votre conclusion.

Si vous procédez de la manière que je viens de dire, la recherche des idées ou invention aura marché de front avec l'élaboration du plan ou disposition. Quand vous aurez fait figurer dans son cadre la dernière des idées secondaires apparue dans votre esprit, vous aurez un plan très détaillé qu'il ne vous restera plus qu'à développer.

Regard d'ensemble sur le plan du devoir. — Avant d'écrire votre devoir, il est prudent de vous assurer qu'absorbés par les détails vous n'avez pas attribué à l'une des parties de la composition une importance exagérée qui en romprait l'équilibre. Vous devez donc essayer de dominer votre travail et de le juger. Jetez sur votre plan un regard d'ensemble, examinez le rapport des parties qui le composent, voyez si l'une d'elles n'occupe pas une place disproportionnée avec son importance réelle ; assurez-vous enfin si votre plan développé répond vraiment à votre conception du devoir et n'hésitez pas avant d'aller plus loin à lui faire subir les modifications qui s'imposent.

*
* *

Ce travail de revision et de contrôle étant terminé, vous rédigerez votre composition ; c'est ce que les traités spéciaux de composition française appellent l'*élocution*. Je ne peux que vous renvoyer à ces ouvrages. Vous y trouverez de judicieux conseils sur l'art d'écrire que le cadre forcément restreint de ma causerie ne me permet pas de rappeler. Vous savez qu'un devoir bien composé doit comprendre une entrée en matière, une série de paragraphes liés entre eux et une conclusion. Je me contenterai de vous donner quelques directions sur la rédaction de l'entrée en matière, sur la composition et la rédaction d'un paragraphe et sur la conclusion.

L'entrée en matière. — S'il vous était possible, dès le début de votre devoir, de présenter la question sous une forme originale, de donner à votre pensée un tour piquant, vous auriez beaucoup fait pour intéresser l'examinateur à votre travail et éveiller en lui une disposition bienveillante. En tout cas, il vous saura gré de lui indiquer très nettement dans quel sens vous entendez traiter le sujet, de le préparer à suivre votre développement par l'exposé des divisions générales de votre devoir, du plan d'ensemble dont je parlais plus haut. Beaucoup de candidats négligent ou même suppriment entièrement l'entrée en matière : ne craignez pas de la composer et de la rédiger avec soin. Elle donnera de vous la première impression qui n'est certes pas toujours la meilleure, mais qui très souvent détermine les autres. Efforcez-vous donc de vous rendre vos juges favorables dès les premières lignes de votre composition.

Objet et composition des paragraphes. — Entre l'entrée en matière et la conclusion, il y a place pour autant de paragraphes que votre plan comporte d'idées secondaires distinctes. Qu'est-ce qu'un paragraphe? C'est un ensemble de phrases qui concourent au développement d'une idée. Si vous vous attachez à réaliser la formule souvent citée, « une seule idée par paragraphe, un paragraphe pour chaque idée », vous éviterez les redites, l'impression de désordre qui s'en dégage et la fatigue qu'elle donne au lecteur. Petite composition dans la composition elle-même, le paragraphe comporte un plan rigoureux : il faut d'abord annoncer l'idée, ensuite la développer, c'est-à-dire exposer la matière qui figure dans le plan à l'appui de cette idée, enfin conclure sur cette idée.

Ne craignez pas de rattacher directement l'idée du paragraphe à l'idée générale du devoir. C'est surtout une question de forme : quelques mots habilement choisis vous permettront au début et surtout à la fin du paragraphe de souligner le lien qui l'unit à l'ensemble du sujet. Le candidat avisé sait éviter à son juge la peine de rechercher les rapports qui existent entre les diverses parties de son travail, il sait l'aider à saisir l'unité de sa composition, lui donner discrètement l'impression que cette unité existe. Il sait, enfin, par d'heureuses transitions conduire sans heurts l'esprit du lecteur de développement en développement et l'amener avec un intérêt renouvelé jusqu'à la conclusion dernière.

Conclusion. — La conclusion, vous le savez, est le terme de votre démonstration : tantôt c'est un résumé substantiel et précis de l'ensemble de l'exposé, et tantôt une affirmation suprême vers laquelle convergent toutes les parties du devoir. C'est par votre conclusion que vous prouverez à vos juges que vous dominez la question, que vous en êtes vraiment maîtres. L'importance de cette partie est telle que certains candidats très avertis et très habiles n'hésitent pas à la rédiger avant toutes les autres. D'apparence paradoxale puisqu'elle consiste à commencer le devoir par la fin, cette pratique n'est pas sans présenter de sérieux avantages. Après l'élaboration du plan très détaillé dont je viens de parler, on a une vue d'ensemble de la question, on sent avec force la pensée vers laquelle doivent tendre tous les développements, on porte déjà dans son esprit la conclusion qui doit couronner le devoir : il est donc possible de l'écrire. A bien réfléchir le moment n'est pas d'ailleurs si mal choisi. L'esprit mis en train par tout ce travail antérieur se trouve en pleine activité, et cependant il n'a pas encore été fatigué par un trop long effort ; il possède toute sa vigueur et il dirige encore sa pensée avec beaucoup d'aisance. Pourquoi ne pas mettre à profit cette heureuse disposition pour écrire la partie la plus importante de la dissertation ?

L'écrire assez tôt. — Croyez-vous qu'il ne vous serait point utile pendant la rédaction de votre composition, d'avoir sous les yeux, dans sa forme à peu près définitive, la conclusion à laquelle vous voulez aboutir ? Vous auriez bien moins de peine pour orienter vers cette affirmation finale vos divers développements et donner ainsi à votre travail une plus grande unité. Que si vous vous laissez surprendre par le temps, vous aurez toujours les cinq minutes nécessaires pour recopier une conclusion soigneusement rédigée, et votre devoir, même écourté dans certaines de ses parties, aboutira à son terme logique. A réserver pour le dernier moment l'élaboration de la conclusion, on court le risque de ne pouvoir la rédiger faute de temps, d'en être réduit à l'indiquer en phrases improvisées, aussi pauvres de pensée que de forme..... ou même à ne pas conclure du tout.

Il faut bien conclure. — Or, il faut conclure à tout prix et bien conclure. Sans vous conseiller expressément de commencer votre devoir par là fin, je vous engage à ne pas trop attendre pour choisir votre pensée finale et rechercher la formule heureuse qui l'exprimera pleinement. Vos juges seront encore sous l'impression qu'elle aura produite, quand ils discuteront la valeur de votre copie et arrêteront la note chiffrée qui décidera de votre admissibilité. Il importe donc de donner tous vos soins à votre conclusion : elle tient dans la composition une place essentielle et joue dans l'attribution de la note un rôle décisif.

La langue. — Je n'ai plus qu'à vous parler de la langue. Deux mots expriment les qualités que doit avoir votre style : correction et clarté. Construisez vos phrases selon les règles de la syntaxe; recherchez toujours le mot propre, l'expression juste; ne visez pas à l'effet mais à la précision; écrivez non pour faire des phrases mais pour être compris. Soyez sincères et dites de votre mieux ce que vous pensez; soyez sévères pour vous-mêmes et ne vous contentez pas d'un à peu près. La clarté et la probité du style achèveront de donner à votre composition le caractère d'un travail consciencieux, d'une œuvre de bonne foi.

*
* *

Écrire des devoirs en temps limité. — Je crois devoir ajouter à ce long entretien quelques conseils pratiques dont le terre à terre n'enlève rien à l'utilité.

Au début de votre préparation, consacrez à l'élaboration de vos devoirs tout le temps que vous jugerez utile; usez largement de vos livres et de vos notes. Astreignez-vous dans la suite à réduire progressivement la durée de votre travail et à faire appel à vos souvenirs. Enfin, dans les derniers mois, exercez-vous à composer vos devoirs dans les conditions mêmes de l'examen, c'est-à-dire en une séance de trois heures et sans aucun secours étranger. Faites-vous un emploi du temps de ces trois heures, consacrez, par exemple, trente minutes à l'étude du sujet et à l'élaboration du plan ; une heure et demie à la rédaction du devoir et aux corrections ; une heure enfin pour la mise au net et la lecture attentive de la composition. Si vous ne pouvez parvenir en trois heures à faire un brouillon pour toutes les parties du devoir, exercez-vous à développer directement sur votre composition les paragraphes les moins importants et à transcrire en leur place l'entrée en matière, les paragraphes essentiels et la conclusion développés en entier. Dans ce cas, l'emploi du temps de vos trois heures sera sensiblement différent de celui qui précède puisque vous pousserez de front le développement et la mise au net. Aucune règle n'a de valeur absolue, toutes sont bonnes ; mais il faut en avoir une bien à soi..... et la suivre.

L'exécution matérielle. — Ne négligez pas le jour de l'examen et jusque-là dans vos travaux, l'exécution matérielle. J'entends par là tout ce qui peut donner à la copie un aspect agréable et en faciliter la lecture : une marge grande, des alinéas bien marqués, une ponctuation intelligente, une écriture ferme, régulière, un peu grosse, des ratures franches, etc.

*
* *

Conclusion. — Dois-je m'excuser d'entretenir des Instituteurs et des Institutrices de semblables détails ? ... Je sais que la note chiffrée par laquelle se traduit le jugement de la commission est une résultante, et je tiens pour assuré que rien de ce qui concourt à la former ne doit être négligé. La justesse des idées, un ordre rigoureux, la correction, la clarté et la probité du style, une exécution matérielle soignée, tout ce qui contribue à diminuer l'effort de vos juges et à les éclairer sur vous-mêmes doit être mis en œuvre pour obtenir le résultat souhaité, une note égale ou supérieure à la moyenne, condition décisive de notre admissibilité. Si vous travaillez sérieusement de la manière que je viens de dire, le jour de l'examen vous pourrez avoir confiance en vous-mêmes.

QUATRIÈME ENTRETIEN

DE L'ORGANISATION PÉDAGOGIQUE

I. — Utilité d'une bonne organisation.

II. — Tenue des locaux et du personnel : 1° propreté et aération des locaux ; 2° disposition du mobilier et du matériel ; 3° décoration de la salle de classe ; 4° les élèves : propreté, ordre, tenue ; 5° le maître.

III. — Étude du tempérament et des aptitudes des élèves : 1° Influences héréditaires et milieu ; 2° santé et tempérament ; 3° aptitudes intellectuelles et morales.

IV. — Organisation pédagogique proprement dite : 1° classement des élèves ; 2° répartition des matières du programme ; 3° emploi du temps ; 4° choix des livres classiques ; 5° préparation de la classe ; son objet, les leçons, les devoirs.

V. — Conclusion.

Utilité d'une bonne organisation. — Je désire vous entretenir aujourd'hui de l'organisation pédagogique. Par cette expression dont j'élargis avec intention la signification classique, j'entends désigner la tenue des locaux, des élèves et du maître, — l'étude du tempérament et des aptitudes des écoliers, — l'organisation pédagogique proprement dite. La tenue et l'organisation de l'école ont beaucoup de prix pour un examinateur clairvoyant, et elles constituent pour le candidat un élément de succès certain. On n'improvise pas une organisation rationnelle, et rien ne saurait y suppléer. Des habitudes d'ordre, de tenue, d'attention, de travail ne s'acquièrent que par un effort intense et prolongé. Par contre, elles ne disparaissent pas dans une minute d'émotion ou d'affolement, elles survivent à la volonté distraite ou défaillante, nous soutiennent et nous aident sûrement et à notre insu. L'effort intelligent que vous aurez déployé pour organiser votre classe sera pour la commission un élément d'appréciation qui s'ajoutera au travail que vous produirez devant elle.

Sur quoi devra s'exercer votre activité? Sur la tenue des locaux, la disposition du mobilier et du matériel d'enseignement, la décoration de la salle de classe, la tenue des élèves et celle du maître, — sur l'étude du tempéramment, de l'intelligence et du caractère de chaque écolier, — sur le classement des élèves, la répartition des matières du programme, l'élaboration de l'emploi du temps, le choix des livres classiques et la préparation quotidienne de la classe.

Propreté et aération des locaux. — Les locaux vous sont fournis par les municipalités et il ne vous appartient pas de les modifier. Par contre, vous pouvez beaucoup pour leur bonne utilisation. Trois mots résument la bonne tenue d'une maison : propreté, ordre et goût. Quel que soit le mode adopté pour le balayage des classes, il faut parvenir à faire disparaître les taches d'encre sur le parquet et sur les murs, les morceaux de papier dans les classes et dans la cour, la poussière sur les meubles et les vitres, les toiles d'araignée des encoignures, les gros cailloux et les débris de verre dans la cour, etc. Faites, si possible, votre classe fenêtres ouvertes ; en tout cas, ouvrez-les toutes à chaque récréation pour que l'air soit entièrement renouvelé. Vous n'ignorez pas que l'air usé n'est pas seulement désagréable à respirer, qu'il est malsain et à la longue empoisonne le sang. Au début de votre carrière, devenez les ennemis de l'air corrompu. Épargnez à vos juges, grisés d'air vif par une course en voiture ou à bicyclette, l'exécrable odeur des classes calfeutrées ; ayez à leur servir de l'air pur en abondance.

Ne dédaignez pas la propreté des privés. Donnez sur ce point de bonnes habitudes à vos élèves et assurez-vous fréquemment que la tenue de ce local ne laisse pas à désirer.

Disposition du mobilier et du matériel. — Vous avez toute latitude pour disposer à votre gré le mobilier scolaire et le matériel d'enseignement. Vous vous appliquerez à donner à chaque objet, la place qui répond le mieux à sa destination. Les bancs-tables seront orientés pour que la lumière éclaire les écoliers de gauche à droite : l'éclairage de face ou de dos est interdit. Vous placerez votre bureau bien en face des tables des écoliers ; vous réserverez en avant de ces tables un large espace pour les exercices qui se font debout ; les tableaux noirs occuperont le centre de cet espace. Entre les rangées de tables, des passages larges et rectilignes faciliteront les évolutions et les mouvements d'entrée et de sortie. Les cartes géographiques, les tableaux d'histoire naturelle ou de système métrique seront placés à proximité des élèves qui auront le plus souvent à les consulter.

Décoration de la classe. — Les cartes et tableaux constituent le premier élément de la décoration murale : je souhaite que dans votre classe il ne soit pas le seul. L'imagerie scolaire a fait de remarquables progrès dans ces dernières années et des sociétés se sont fondées pour introduire l'art à l'école[1]. Vous pourrez peut-être vous procurer quelques belles gravures[2], des reproductions photographiques d'œuvres d'art[3], que vous exposerez dans votre classe. Je suis toujours heureux en entrant dans certaines écoles de voir, en hiver, de grandes branches de houx aux baies rouges, ou

1. Couyba, sénateur, Président de la « Société nationale de l'art à l'école ». — *L'Art à l'École*, Larousse, édit. Paris.

2. Marcel Charlot. *L'Imagerie scolaire*, Félix Juven, édit. Paris.

3. Braum, Clément et Cie, éditeurs-photographes, avenue de l'Opéra, Paris.

Les chefs-d'œuvre de l'Art, 60 planches photographiques de 60 × 78, Librairie Armand Colin.

des touffes de gui aux perles translucides ; au printemps, des bouquets de violettes au délicat parfum, et, en été, d'abondantes gerbes de fleurs des champs : ce sont les écoliers et les écolières qui concourent sous la direction du maître à la décoration de leur classe. Excellente habitude qui, à l'ordre produit par la disposition rationnelle du mobilier et du matériel, à la modeste note d'art des reproductions photographiques, ajoute une très heureuse impression de nature et de vie. On incline à penser qu'une école ainsi tenue est un lieu de travail paisible et régulier, une maison d'ordre et de goût aimée de ceux qui l'habitent : dès le seuil, tout dispose le visiteur en faveur de celui ou de celle qui en est l'âme.

Les élèves : propreté, ordre, tenue. — Cette impression doit être complétée par la tenue des élèves et par celle du maître. La propreté des vêtements dépend encore plus des familles que de vous-mêmes. Votre action est moins restreinte pour la propreté des mains et celle du visage. L'inspection de propreté est obligatoire au moment de l'entrée en classe : il dépend de vous que ce soit une inspection sérieuse et utile. — Les mouvements d'entrée et de sortie et les évolutions doivent s'accomplir avec ordre et ensemble. Placez-vous toujours en un point d'où vous puissiez voir tous vos élèves et être vu par chacun d'eux ; ayez l'œil sur les turbulents et les indisciplinés. Dans les divers groupements nécessités par les exercices scolaires, chaque élève a sa place déterminée : n'oubliez pas de vous assurer qu'il l'occupe. — Assis à son banc, debout devant une carte ou un tableau noir, l'écolier doit avoir le buste droit, la tête haute, le regard franc, la mine éveillée ; il doit être tendu vers le maître, attentif à ce qui va être dit, prêt à répondre aux questions posées

Le maître. — Après vous avoir parlé de la tenue de vos élèves, pourrai-je me permettre de vous donner quelques sobres conseils sur votre tenue personnelle? Je n'ignore pas qu'exposés aux taches d'encre, à la poussière de la craie et à celle de la cour, vous ne pouvez faire votre classe dans vos plus beaux vêtements. On ne travaille pas en habits de fête. Toutefois la nature même de vos occupations vous oblige à avoir une tenue soignée également éloignée de la négligence et de la coquetterie. Le premier jugement porte sur les apparences et vous ne sauriez croire combien on est défavorablement impressionné par une tache même légère, un bouton qui pend, une cravate mal nouée, un vêtement qui frange, une jupe qui traîne.... Ne péchez pas, d'autre part, par excès de coquetterie. Vous vivez au milieu de petits paysans ou d'enfants d'ouvriers simplement vêtus, il faut que votre tenue quoique plus soignée s'harmonise pourtant avec la leur : c'est une question d'adaptation et de convenance. Je souhaite, en un mot, que la tenue du maître comme celle de la classe, donne une impression d'ordre, de soin et de goût.

*
* *

Étude des élèves. Influences héréditaires et milieu.

— La bonne utilisation du local, la mine franche et éveillée des écoliers, la tenue correcte du maître ont favorablement disposé vos juges. Ils vont se préoccuper tout de suite de la manière dont votre classe est organisée.

Une organisation pédagogique rationnelle est fondée sur la connaissance du tempérament et des aptitudes des écoliers. Vous devez donc apprendre à *connaître* vos élèves. Il ne suffit pas de les distinguer les uns des autres, de savoir leur nom, leur âge et leur domicile. Vous devez vous informer aussi du milieu où ils vivent : qu'est leur famille ? Ont-ils leur père, leur mère, leurs grands parents, des frères, des sœurs ? Quels sont le tempérament, le caractère, la moralité, les occupations des personnes qui les élèvent ? Où vivent-ils ? A la ville ou à la campagne ? Jouent-ils dans la rue ou en plein champ ? Comment sont-ils nourris, habillés, soignés ? Quelle est la nature de l'affection qu'on leur porte ? Sont-ils câlinés, gâtés, rudoyés, ou tendrement et raisonnablement aimés, élevés librement, sans contrainte, ou étroitement surveillés, entourés, enchaînés ?... C'est une enquête très minutieuse que vous devez faire peu à peu — discrètement, en profitant des circonstances — pour arriver à connaître toutes les influences qui ont contribué à former leur tempérament, leurs aptitudes intellectuelles et leur moralité.

Santé, tempérament, forces physiques. — Vous ne ferez de véritable éducation, votre action ne pourra s'exercer pleinement et à propos que si, par des observations nombreuses et contrôlées, vous parvenez à connaître exactement l'état de *santé :* maladif, délicat, chétif, ou bien portant, débordant de vie ; — le *tempérament :* nerveux, sanguin, lymphatique, etc. ; — et les *forces physiques :* mou, lent, ou actif, énergique, turbulent, de chacun de vos écoliers. A tout âge, mais surtout dans l'enfance, le physique exerce une profonde influence sur le moral[1].

Aptitudes intellectuelles et dispositions morales. — C'est dans l'état de santé et le tempérament de vos écoliers que vous devez chercher l'explication de leur *activité :* paresseux, indolent, ou actif, appliqué, travailleur, etc. ; — de leurs *aptitudes intellectuelles :* distrait, lent, borné, ou attentif, intelligent, ingénieux, perspicace, etc. ; — de leur *sensibilité :* impassible, indifférent, ou sensible, irritable, colère, violent, etc., — envieux, égoïste ou affectueux, tendre, passionné, etc. ; — de leur *caractère* et de leur *moralité :* morose, triste, ou souriant, gai, heureux, — menteur, sournois, replié ou franc, loyal, expansif, — cruel, méchant, dur, ou bon, généreux, dévoué, etc. Et ce sont ces aptitudes de tout ordre qui vous permettront de décider du choix des méthodes et des procédés d'enseignement, des moyens à employer

1. Voir Dr Maurice de Fleury : *Le Corps et l'Ame de l'Enfant.* Librairie Armand Colin.

pour combattre les dispositions mauvaises, pour cultiver et accroître les bonnes.

Cette très longue et pourtant incomplète énumération suffira, je l'espère, à vous indiquer les questions qui doivent attirer votre attention, à vous montrer comment, par l'étude des influences héréditaires et du milieu, par l'observation directe de l'enfant lui-même, en classe et au dehors, isolé et dans ses rapports avec les autres, vous parviendrez peu à peu à acquérir des notions précises sur sa nature et sur ses aptitudes.

Quand vous posséderez ces notions, quand vous aurez de ces êtres complexes, contradictoires et parfois mystérieux, que sont vos petits écoliers, une connaissance suffisante, — et des mois de fine observation et d'étude discrète vous seront nécessaires — vous pourrez faire un classement rationnel, dresser une répartion des matières et un emploi du temps convenant à vos élèves, choisir pour eux les meilleurs livres, et préparer vraiment les leçons et les devoirs que vous leur destinez.

*
* *

La classe dans l'école. — Il arrive parfois que des Institutrices ou des Instituteurs adjoints dans une école à plusieurs maîtres, ne peuvent dire avec précision quelle est la place de leur classe dans l'organisation générale de l'école[1]. Cette notion vous est pourtant indispensable : vous devez savoir quels sont les cours, ou le cours ou l'année de cours que votre classe représente dans l'école, à quel étage de l'édifice vous travaillez, à quelle partie de l'œuvre vous collaborez.

Classement des élèves. — Le classement[2] ayant pour objet de grouper ensemble les élèves destinés à recevoir un enseignement commun, il va de soi que les élèves doivent être classés d'après leurs connaissances et leurs aptitudes intellectuelles. Grouper les enfants uniquement d'après leur âge, serait un non-sens

1. Arrêté organique du 18 janvier 1887 (extraits).

. . . .

Art. 9. — L'enseignement dans les écoles primaires élémentaires est partagé en trois cours :

Cours élémentaire ;

Cours moyen ;

Cours supérieur.

La constitution de ces trois cours est obligatoire dans toutes les écoles, quel que soit la nombre des classes et des élèves.

Art. 10. — La durée des études se divise comme il suit :

Section enfantine : un ou deux ans, suivant que les enfants entrent à 6 ans ou à 5 ans ;

Cours élémentaire : deux ans, de 7 à 9 ans ;

Cours moyen : deux ans, de 9 à 11 ans ;

Cours supérieur : deux ans, de 11 à 13 ans.

2. Arrêté organique du 18 janvier 1887 (extraits).

Art. 13. — Chaque année, à la rentrée, les élèves suivant leur degré d'instruction, sont répartis par le directeur dans les diverses classes des trois cours, sous le contrôle de l'Inspecteur primaire.

Le certificat d'études donne droit à l'entrée dans le cours supérieur.

pédagogique. La répartition des élèves en cours, doit figurer sur le registre d'appel ou sur un tableau spécial de classement. Vous devez la connaître avec précision, et savoir nous dire sans recourir à ce tableau, le nombre exact d'élèves de chaque cours. Le classement doit aussi être connu de tous vos écoliers : chacun d'eux doit savoir de quel cours ou de quelle année de cours il fait partie. Dans quelques rares écoles, les commissions trouvent encore ce qu'on pourrait appeler des « passe-volants ». Un ou plusieurs élèves qui n'appartiennent à aucun cours particulier, suivant en lecture avec celui-ci, en calcul avec celui-là, etc., figurants qui ont l'air de compter dans plusieurs effectifs et qui n'appartiennent en propre à aucun. Sauf quelques cas très exceptionnels, cette pratique constitue une mauvaise organisation et elle doit être évitée.

Répartition des matières du programme. — Un grand nombre de candidats sont loin de connaître exactement les matières du programme correspondant à l'enseignement qu'ils sont tenus de donner à leurs élèves[1]. Vous ne leur ressemblerez pas si vous avez soin de faire vous-mêmes une répartition trimestrielle ou même mensuelle des matières du programme spécial à votre classe. C'est dans ce tableau et non dans les manuels scolaires que vous devez prendre la matière

1. Voir Brouard et Defodon : *Les nouveaux Programmes des Écoles primaires.* Librairie Hachette et Cie, Paris.

de vos leçons journalières. Vous devez donc le consulter tous les jours au moment où vous préparez la classe du lendemain. C'est le seul moyen de savoir où vous en êtes pour chaque matière, les connaissances apprises par vos élèves depuis le début de l'année scolaire, celles qu'il vous reste à leur enseigner. Vous n'oublierez pas de réserver à la fin de chaque trimestre, un certain nombre de leçons pour les revisions. Elles doivent avoir lieu à époques fixes et non au hasard ou tout simplement le jour où l'on n'a pas suffisamment préparé sa classe.

Emploi du temps. — Après le classement des élèves et la répartition mensuelle des matières, vous vous inquiéterez de la répartition quotidienne des leçons et exercices, c'est-à-dire du tableau de l'emploi du temps, Pour dresser un bon emploi du temps vous tiendrez compte, d'une part, de l'horaire officiel (arrêté du 18 janvier 1887) indiquant approximativement le temps à consacrer à chacune des matières du programme [1], et, d'autre part, des aptitudes et des besoins

1. Arrêté organique du 18 janvier 1887 (extraits).

Art. 18. — Au commencement de chaque année scolaire, le tableau de l'emploi du temps par jour et par heure est dressé par le directeur de l'école, et, après approbation de l'Inspecteur primaire, il est affiché dans les salles de classe.

Art. 19. — La répartition des exercices doit satisfaire aux conditions générales ci-après déterminées.

I. Chaque séance doit être partagée en plusieurs exercices différents, coupés par les récréations réglementaires.

de vos élèves. S'ils progressent lentement en une matière où s'ils sont en retard, vous élargirez à l'emploi du temps la place accordée à cette matière.

Succession et durée des leçons. — Tous les traités de pédagogie recommandent, avec raison, de placer les leçons exigeant le plus grand effort intellectuel de préférence le matin et au début des classes, et de réserver les exercices reposants pour la fin de la matinée et pour la soirée ; de faire alterner les leçons orales que les élèves écoutent parfois debout et les devoirs écrits

II. Les exercices qui demandent le plus grand effort d'attention, tels que les exercices d'arithmétique, de grammaire, de rédaction, seront placés de préférence le matin, ou, dans les écoles de demi-temps au commencement de la classe.

III. Toute leçon, toute lecture, tout devoir sera accompagné d'explications orales et d'interrogations.

IV. La correction des devoirs et la récitation des leçons ont lieu pendant les heures de classes auxquelles se rapportent ces devoirs et ces leçons. Dans la règle, les devoirs sont corrigés au tableau noir en même temps que se fait la visite des cahiers. Les rédactions sont corrigées par le maître en dehors de la classe.

V. Les trente heures de classe par semaine (non compris le temps que les élèves peuvent consacrer, soit à domicile, soit dans les études surveillées, à la préparation des devoirs et des leçons), devront être réparties d'après les indications suivantes :

1° Il y aura chaque jour... une leçon... consacrée à l'instruction morale ;

2° L'enseignement du français (exercices de lecture, lectures expliquées, leçons de grammaire, exercices orthographiques, dictées, analyses, récitations, exercices de composition, etc.) occupera tous les jours environ deux heures ;

3° L'enseignement scientifique occupera en moyenne, et sui-

qu'ils exécutent assis, etc. En fixant la durée des leçons, vous devez tenir compte de l'âge de vos élèves et, surtout, du degré d'attention qu'ils peuvent fournir : les plus jeunes enfants, incapables d'efforts prolongés, ne s'intéressent au même objet que pendant un quart d'heure au maximum ; au degré au-dessus les leçons peuvent se prolonger de vingt à vingt-cinq minutes ; enfin, avec les plus grands élèves une demi-heure, trente-cinq minutes au plus suffisent à épuiser l'effort utile et fécond.

vant les cours, d'une heure à une heure et demie par jour, savoir : trois quarts d'heure ou une heure pour l'arithmétique et les exercices qui s'y rattachent, le reste pour les leçons de choses et les premières notions scientifiques ;

4° L'enseignement de l'histoire et de la géographie, auquel se rattache l'instruction civique, comportera environ une heure de leçon tous les jours ;

5° Le temps consacré aux exercices d'écriture proprement dite sera d'une heure au moins par jour, dans le cours élémentaire et se réduira graduellement à mesure que les devoirs dictés ou rédigés pourront en tenir lieu ;

6° L'enseignement du dessin, commencé par des leçons très courtes dès le cours élémentaire, occupera dans les deux autres cours deux ou trois leçons chaque semaine ;

7° Les leçons de chant occuperont d'une à deux heures par semaine, indépendamment des exercices de chant qui auront lieu tous les jours à la rentrée et à la sortie des classes ;

8° La gymnastique, outre les évolutions et les exercices sur place qui peuvent accompagner les mouvements de classe, occupera tous les jours ou au moins tous les deux jours une séance dans le courant de l'après-midi.

. . . .

9° Enfin pour les garçons aussi bien que pour les filles, deux ou trois heures par semaine seront consacrées aux travaux manuels.

Précisions nécessaires. — Ne craignez pas de faire un emploi du temps détaillé et précis : « 9 heures à 10 : calcul », « 1 heure à 2 : français », sont des indications beaucoup trop vagues. Il est nécessaire, il est même indispensable pour les débutants que vous êtes d'entrer dans le détail et d'arrêter le temps consacré en chaque matière à chacun des groupes d'élèves recevant un enseignement distinct : c'est le seul moyen de ne pas vous oublier avec une division et de garder entre les divers cours un juste équilibre. Je souhaiterais même vous voir indiquer pour chaque leçon la durée de l'exposé oral, de l'exercice écrit et de la correction de cet exercice. Très souvent les corrections des devoirs ne peuvent avoir lieu « faute de temps » : réservez-leur dans votre horaire une place suffisante. Je le répète, ne craignez pas de vous donner à vous-mêmes des indications détaillées et précises : votre emploi du temps doit vous être un guide fidèle et sûr qui vous soutienne à chaque instant.

Tenir à jour l'emploi du temps. — La précision d'ailleurs n'exclut pas la souplesse : n'hésitez pas à modifier votre horaire suivant les circonstances. En cours d'année, les progrès des élèves, la venue dans votre classe d'élèves nouveaux, vous obligeront peut-être à remanier votre classement ou simplement à faire plus grande ou plus petite la place de telle matière du programme. Toute modification du classement initial ou l'apparition de nouveaux besoins doivent avoir leur répercussion dans l'emploi du temps. Sachez le tenir à jour : trop souvent l'horaire affiché est loin de correspondre à l'horaire effectivement suivi. Oh ! les justifications abondent et rarement le candidat est à court d'explications. Les commissions ne les aiment guère, car il leur est difficile d'en démêler la sincérité. Vous êtes les maîtres de votre horaire ; apportez-y donc toutes les modifications nécessitées par les circonstances ou dictées par l'intérêt des élèves ; mais suivez régulièrement l'horaire établi, c'est le seul moyen de bien faire votre classe et d'acquérir les habitudes d'ordre, de ponctualité et de mesure indispensables à l'Instituteur.

Choix des livres classiques. — Vous devez savoir choisir les livres classiques à placer entre les mains de vos élèves. Ce choix doit être fait dans une liste approuvée par le Recteur et dressée, sur le vu des propositions des Instituteurs et des Institutrices, par une Commission réunie au chef-lieu du département : c'est la « liste départementale ». Elle comprend pour chacune des matières du programme un nombre assez élevé d'ouvrages parmi lesquels vous devez choisir. Qu'est-ce qui vous guidera dans ce choix ?

Le manuel idéal. — Le manuel idéal est celui qui, contenant exclusivement la matière du programme de votre classe, serait composé avec rigueur et méthode et écrit dans une langue répondant constamment au vocabulaire de vos élèves. Vous n'ignorez pas que la bibliographie scolaire, comme la presse pédagogique, a fait de très grands progrès depuis la réforme de 1882. Auteurs et éditeurs rivalisent de zèle, et, suivant une expression familière, mais qui garde ici toute sa force, vous aurez l'embarras du choix. Cependant vous devez vous rendre compte que le manuel idéal tel que je viens de le définir n'existe pas, et, pour ne blesser aucune susceptibilité, je m'empresse d'ajouter qu'il ne peut pas exister. Les auteurs composent, avec raison, leurs livres pour la moyenne des écoles de France ; ils s'adressent par l'imagination à une classe qui n'est ni du Nord, ni du Midi, ni à la ville, ni à la campagne, c'est-à-dire à une école qui n'existe nulle part, et qui, en tout cas, n'est pas et ne peut pas être la classe réelle et vivante qui est la vôtre.

Qualités et défauts des livres adoptés. — Quelque soin que vous apportiez au choix de vos livres scolaires, quelle que soit d'ailleurs la valeur de ceux que vous adopterez, ils ne répondront pas d'une manière rigoureuse et expresse aux besoins de votre classe. Vous connaîtrez certainement les qualités de ces ouvrages, celles qui ont dicté votre choix, mais vous devez connaître aussi leurs défauts, je veux dire les points par lesquels ils ne s'adaptent pas spécialement — et j'ai dit que cette étroite adaptation n'est pas réalisable — à vos écoliers. Vous serez donc à même de discuter, au point de vue de votre classe, la valeur pratique des ouvrages qui sont entre les mains de vos élèves. Peut-être que nouveau-venus dans une école, vous avez trouvé certains livres en usage et vous les avez conservés. Vous en connaîtrez également les qualités et les défauts ; mais en exposant ces derniers vous saurez ne pas mettre en cause la personne de votre prédécesseur. Ce serait un manque de tact qui vous ferait sévèrement juger. Vous avez le droit de manifester en toute liberté vos opinions et vos préférences, vous devez même défendre vos idées, mais cette liberté n'exclut pas le respect que vous devez à vos collègues.

Préparation de la classe : son objet. — Je n'ai plus qu'à vous entretenir de la préparation quotidienne de votre classe. Pourquoi faut-il préparer sa classe ? Quels principes doivent vous guider dans la préparation des leçons et le choix des exercices d'application ? Les auteurs de manuels scolaires, nous venons de le voir, ne peuvent adapter expressément les matières du programme à vos propres élèves : c'est la tâche du maître et le principal objet de la préparation de la classe. En tenant compte des connaissances et des aptitudes de vos élèves, vous choisirez tous les soirs les notions — faits et idées — que vous voulez leur enseigner le lendemain.

Vulgariser tout en restant vrai. — Nous touchons ici au problème le plus délicat de l'enseignement. Vulgariser, c'est-à-dire mettre à la portée d'esprits peu cultivés des vérités choisies parmi bien d'autres, — parties d'un tout destinées à donner une idée exacte du tout lui-même, — est une œuvre des plus difficiles à accomplir. Et quand la vulgarisation s'adresse à des esprits en formation, inaptes à saisir les idées abstraites, à s'élever jusqu'aux idées générales, à des intelligences qui évoluent d'ailleurs très vite, la difficulté devient encore plus ardue. Choisir tout en restant vrai, simplifier sans déformer, abaisser la vérité jusqu'au niveau de l'intelligence enfantine, et, cependant, faire que ce soit encore la vérité, n'est-ce pas un problème à peu près insoluble? On a reproché — et avec quelle ardeur passionnée! — à notre enseignement primaire de se complaire dans des formules simples et partiellement fausses, de croire à la valeur absolue des systèmes, d'être dépourvu du sens des nuances et du relatif, et, pour dire le mot, d'être *dogmatique*. Ceux qui nous ont adressé ce reproche ignoraient l'objet propre de l'enseignement primaire qui consiste précisément à choisir, à simplifier, à adapter, à vulgariser. Nous sommes tenus de courir au plus pressé, nous ne pouvons dire que l'essentiel, nous n'avons pas de temps à consacrer aux nuances, nos élèves sont trop jeunes pour comprendre les aspects multiples — et en apparence souvent contradictoires — de la vérité. Par la force des choses, et quelque regret que nous en éprouvions, nous devons aboutir à des formules courtes et incomplètes, exprimant des vérités approximatives, nous ne l'ignorons pas. Mais est-il juste, a-t-on le droit de nous reprocher une nécessité fatale et inéluctable qui tient à la nature même de notre institution ?

Choisir des faits peu nombreux, caractéristiques, intéressants. — Si j'insiste ainsi, c'est pour vous persuader de l'importance et de la difficulté de la préparation de la classe. En tenant compte de l'âge de vos élèves et de leurs connaissances, de leur aptitude à comprendre et à retenir, vous devez choisir les idées et les faits à leur enseigner. Ces faits doivent être *peu nombreux*, parce que le temps dont nous disposons est très court et que la capacité de nos élèves a des limites étroites. Mais, pour demeurer vrai, il ne faut retenir que des faits *caractéristiques*, c'est-à-dire possédant à un haut degré les traits essentiels des faits passés sous silence. De même que quelques centimètres carrés d'une étoffe permettent de se faire une idée exacte de la pièce entière, les quatre ou cinq faits choisis en vue d'une leçon doivent donner une idée juste de toute la question étudiée. Choisissez de préférence le fait *intéressant* qui frappe et qu'on retient, le détail pittoresque qui donne la couleur de l'ensemble. Une expérience probante, une observation précise, une description vivante, un mot spirituel, héroïque ou cruel valent mieux que de longs et lourds commentaires : l'attention est éveillée, l'imagination est excitée et la mémoire impressionnée d'une manière durable.

Le plan logique. — Après le choix des faits, vous devez vous préoccuper de l'ordre à suivre dans votre exposé. Il est dans toute question un ordre logique imposé par la nature même du sujet ou par l'idée générale développée. Cet ordre logique vous devez le découvrir et le suivre. Je ne peux vous donner en cette matière des règles précises : la logique ne s'enseigne pas, c'est un besoin de l'esprit. Plus vous serez cultivés et plus vous apercevrez aisément en toute matière l'ordre le plus naturel et le plus vrai, celui qui permet d'agir le plus profondément sur l'esprit des élèves, de les soumettre à une discipline, de cultiver leurs facultés tout en leur apprenant des connaissances.

Méthode, procédés, expression. — Vous devez songer, en dernier lieu, aux moyens à employer pour donner ces connaissances et excercer cette action éducative, à la méthode et aux procédés d'enseignement. Convient-il d'employer la méthode expositive ou la méthode interrogative, ou les deux habilement combinées ? Quels procédés faudra-t-il utiliser ? S'aidera-t-on de gravures, de cartes, d'objets, etc. ? Lesquels et comment ? Vous devez même songer à l'expression, je veux dire aux questions à poser, aux rapprochements, aux comparaisons à faire pour conduire l'esprit des enfants des connaissances déjà apprises aux connaissances nouvelles, du connu à l'inconnu ou du concret à l'abstrait. Réfléchissez très sérieusement à votre leçon, vivez-la par la pensée, représentez-vous vos élèves, tous vos élèves, les attentifs et les distraits, les intelligents et les bornés, prévoyez leurs questions, leurs erreurs probables, faites effort enfin pour que votre leçon soit préparée vraiment pour vos écoliers et leur convienne expressément.

Choix des devoirs: caractères du bon devoir. — La préparation de la classe comprend aussi le choix des devoirs et exercices d'application. La leçon, c'est l'activité intellectuelle provoquée et dirigée par le maître; le devoir, c'est l'effort personnel accompli par l'élève seul sous l'impulsion précédemment reçue. N'empruntez pas servilement les devoirs au livre des élèves ou à votre journal pédagogique; en tous cas, efforcez-vous de les approprier à la leçon qu'ils continuent et aux aptitudes des élèves. Un devoir bien choisi est la suite logique d'une leçon: en écrivant son devoir — et je songe en ce moment aux exercices de calcul et de français — en écrivant son devoir l'élève doit faire librement, je veux dire sous sa propre direction et son propre contrôle, un effort analogue à celui qu'il a accompli pendant la leçon sous l'influence du maître. Vous établirez donc entre le devoir et la leçon une relation étroite.

Mais il faut aussi que dans le devoir une part soit réservée à l'initiative de l'élève, à son activité originale et indépendante. C'est dans l'exécution des devoirs qu'il s'exercera à travailler seul, et, tout en obéissant à l'influence reçue, il apprendra à s'en affranchir.

Un bon devoir convient à l'ensemble de la division : il présente des difficultés suffisantes pour exiger un effort des élèves les plus avancés ; il est cependant assez facile pour que la plupart des élèves puissent l'exécuter convenablement. Le bon devoir est en outre intéressant, il pique la curiosité, soutient l'attention, procure enfin une joie intellectuelle à l'élève qui accomplit l'effort nécessaire. Le choix des devoirs, vous le voyez, est une opération délicate dans laquelle s'affirme autant que dans l'élaboration des leçons le savoir-faire du maître ou son inexpérience. Dès maintenant et tous les jours, donnez tous vos soins à la recherche et la composition des devoirs que vous proposez à vos élèves.

Le carnet de préparation. — Ai-je besoin d'ajouter que les résultats de cette préparation mentale, choix de faits et plans de leçons, méthodes et procédés, sujets de devoirs, doivent être fidèlement notés sur votre carnet de préparation ? Le carnet n'est dans la préparation de la classe qu'un moyen, mais c'est un moyen *indispensable*. L'examen de vos notes vous permettra de faire revivre pendant votre classe du lendemain tout l'effort intellectuel de la veille.

*
* *

Conclusion. — C'est par un effort quotidien, prolongé pendant vos deux années de stage que vous améliorerez la tenue de votre classe, que vous apprendrez à bien connaître vos élèves, que vous perfectionnerez votre organisation pédagogique. J'ai essayé dans cette causerie de vous faire apercevoir le but à atteindre : ne soyez point effrayés par la distance qui vous en sépare encore. En travaillant avec intelligence et sérieux, cette distance diminuera tous les jours. Appliquez-vous à faire passer dans votre pratique quotidienne les conseils que je viens de vous donner. Je ne vous dirai pas qu'en agissant ainsi vous aurez plus de chance d'être admis parce que la chance comporte une grosse part d'aléa et d'incertitude, mais je vous dis que, par une sage prévoyance, vous amasserez tous les jours de solides et positifs éléments de succès.

CINQUIÈME ENTRETIEN

L'ÉPREUVE PRATIQUE ET L'ÉPREUVE ORALE DU CERTIFICAT D'APTITUDE PÉDAGOGIQUE

I. — Objet de cet entretien.

II. — L'épreuve pratique : a) *conseils généraux :* 1° soyez vous-même ; 2° occupez tous vos élèves, même les plus petits ; b) *les leçons* : 1° places des élèves et du maître ; 2° récitations ; 3° la leçon du jour ; 4° méthode (expositive, interrogative) ; 5° pas de dialogue ; 6° suivez l'effet de votre parole ; 7° un conseil de probité ; c) *les devoirs :* 1° préparation ; 2° corrections.

III. — L'épreuve orale : 1° appréciation de cahiers de devoirs mensuels ; 2° interrogations sur la pédagogie générale ; 3° discussion des procédés du candidat.

IV. — Conclusion générale.

Objet de cet entretien. — Comme la causerie précédente sur l'organisation pédagogique, la plus grande partie de l'entretien d'aujourd'hui sur les épreuves pratique et orale vous intéresse tous, puisque, pourvus ou non du certificat de fin d'études normales, vous devez tous subir l'épreuve pratique du certificat d'aptitude pédagogique. Je voudrais vous signaler un certain nombre de négligences, d'erreurs ou de fautes très souvent relevées par les sous-commissions et qu'avec quelque attention, étant avertis, vous pourrez éviter. Je désire également vous donner quelques conseils, vous recommander quelques pratiques qui vous mettraient, si vous les suiviez, dans des conditions meilleures pour subir ces épreuves.

*
* *

L'épreuve pratique. — L'épreuve pratique consiste, comme vous savez, en une classe de trois heures, faite par le candidat dans une école primaire publique[1]. C'est dans leur propre classe que ceux d'entre vous déjà pourvus d'un poste subiront cette épreuve. Je suppose le jour de l'examen arrivé et la commission à vos côtés. Il faut mettre vos élèves au travail; il faut faire les leçons préparées, donner ensuite les exercices d'application et les corriger. Comment s'y prendre?

Je vous ai dit précédemment que si votre classe donne une impression d'ordre, de soin et de goût, si elle est un lieu agréable et qui plaît, elle disposera favorablement la commission. Cette impression première sera encore accrue si les mouvements s'accomplissent avec ensemble, sans précipitation et sans lenteur, si les élèves se tiennent bien, si l'on devine

1. Voir Règlements concernant le certificat d'aptitude pédagogique, p. XV.

enfin des habitudes d'ordre, de discipline et de travail.

Soyez vous-même. — Après une émotion bien naturelle et que l'on comprend, efforcez-vous de recouvrer votre sang-froid, de faire la classe comme vous la faisiez les jours précédents, avec naturel, application, activité. Ne vous contraignez pas pour faire mieux, vous risqueriez de faire moins bien : soyez vous-mêmes, livrez-vous simplement et en toute sincérité. L'idéal serait d'oublier que vous subissez une épreuve, que des juges bienveillants vous écoutent, pour ne voir que vos élèves, ne penser qu'à eux, n'agir, ne parler que pour eux.

Occuper les élèves. — Si la première leçon n'est pas commune à toute la classe, ce qui est le cas le plus fréquent, n'oubliez pas de donner un travail écrit aux élèves auxquels la leçon ne s'adresse pas. N'abandonnez pas complètement dans la suite les enfants ainsi occupés, surveillez-les du coin de l'œil, intervenez discrètement pour stimuler les paresseux, ou calmer les turbulents. L'art de faire travailler simultanément des groupes d'élèves d'inégale force est l'une des grosses difficultés de l'enseignement primaire. Je vous la signale pour que vous vous exerciez à en triompher.

Faire leur part aux tout petits. — Dans quelques

classes enfantines — et c'est surtout aux Institutrices que je m'adresse en ce moment — la division formée par les plus jeunes élèves est systématiquement abandonnée. Qu'on pense au supplice d'enfants de trois ou quatre ans tenus de demeurer silencieux, immobiles et inactifs. Heureusement qu'ils s'affranchissent spontanément d'une règle barbare. Les mieux portants et les nerveux se livrent à une gymnastique désordonnée dont souffrent leurs petits voisins et la discipline ; les apathiques consacrent au sommeil ces loisirs forcés ; tous acquièrent des habitudes de désordre, d'indiscipline et de paresse contre lesquelles il faudra, dans la suite, péniblement réagir.

Tout enfant accueilli dans une école doit, quel que soit son âge, être constamment associé à la vie de la classe, y trouver un aliment pour son activité, y recevoir un commencement d'éducation. Certes, il n'est pas souhaitable que l'étude de la lecture, de l'écriture et du calcul soit abordée avant l'heure. Mais la pédagogie enfantine ne comprend-t-elle pas des exercices extrêmement variés pour donner aux tout petits des habitudes d'habileté manuelle et d'observation ? Pourquoi ne pas commencer l'éducation de la main, de la vue, de l'ouïe, de la parole? Pourquoi ne pas essayer d'éveiller l'attention, de faire naître la réflexion, ou, si c'est là trop prétendre avec d'aussi jeunes enfants, pourquoi ne pas fournir un aliment sain à leur imagination, ne pas émouvoir discrètement leur sensibilité? Bien imprudente et bien maladroite à la fois, l'Institutrice qui manque ainsi au devoir professionnel et se prive des leçons les plus originales qui lui gagneraient d'emblée la sympathie de ses juges.

Les leçons. Place du maître et des élèves. — J'aborde l'exposé de quelques conseils relatifs aux leçons à faire. Au moment de commencer votre leçon, placez-vous au milieu et en face du groupe auquel vous vous adressez, à une distance suffisante pour que vous puissiez embrasser du regard tous les élèves. Ne tolérez jamais qu'ils se placent à vos côtés et encore moins derrière vous. Dans vos démonstrations au tableau noir, tournez-leur le dos le moins possible. Regardez vos élèves et exigez qu'ils vous regardent : c'est par le regard que vous devez établir le silence et éveiller l'attention.

Faire réciter la leçon précédente. — Au début de toute leçon, faites réciter la leçon précédente : récitation d'un résumé ou interrogations. Récompensez les élèves qui savent, donnez la leçon à étudier à ceux qui ne la savent pas.

Exposer la leçon du jour. — Exposez ensuite la leçon du jour. Votre plan comporte plusieurs parties. Après chacune d'elles, interrogez les enfants sur ce qui vient d'être dit. Réservez-vous quelques minutes à la fin de la leçon pour une interrogation d'ensemble.

Il vous est loisible de jeter de temps à autre un coup d'œil sur votre carnet de préparation pour réparer une défaillance de mémoire, sur votre emploi du temps et sur l'heure pour aborder les exercices dans l'ordre fixé et donner à chacun la durée convenable.

Méthode expositive. — Employez avec beaucoup de netteté la méthode adoptée. Si c'est la méthode expositive, que votre langage soit simple et clair. Utilisez les mots connus de vos élèves, et si vous êtes amené à faire usage d'un mot nouveau, écrivez-le au tableau noir et expliquez-le avec soin ; rapprochez-le de mots déjà connus, montrez d'abord les analogies et puis insistez sur les différences. Par de fréquentes questions, assurez-vous que vous êtes écoutés et compris.

Méthode interrogative. — La méthode interrogative est bien plus difficile à manier et l'on a pu dire sans exagération que le bon maître est toujours un bon interrogateur. Vos questions doivent provoquer l'observation et guider l'enfant dans sa recherche. Prenez garde de vous substituer à lui et de répondre à sa place. Quand vous faites une expérience évitez de dire : « Je vais faire ceci, vous allez voir cela. » Mais, placé bien en face de vos élèves et tout en opérant, dites : « Qu'est-ce que je tiens ? — Qu'est-ce que je fais ? — Que voyez-vous ? — Et maintenant, que se passe-t-il ? etc. » Soyez patient et sachez attendre que les enfants aient vraiment observé pour répondre à vos questions. Exigez de la précision et de la sincérité dans leurs réponses ; habituez-les à dire fidèlement ce qu'ils voient et rien que ce qu'ils voient. Et si une expérience ne réussit pas, il faut aussi que la constatation en soit faite : voir que rien ne se produit ou qu'il se produit autre chose que ce qu'on attendait, n'est-ce pas encore de l'observation et de la meilleure?

Pas de dialogue. — Quelques jeunes maîtres ont une tendance à transformer leurs leçons en un dialogue entre le maître et l'élève interrogé. La classe est oubliée ; seul un écolier reste qui reçoit un enseignement individuel. On ne saurait trop répéter aux Instituteurs et aux Institutrices stagiaires que les leçons doivent être préparées et conduites *en vue de tous les élèves*. Il faut que chacun d'eux y prenne une part active et puisse croire volontiers que la leçon est surtout faite pour lui, — et qu'il en soit ainsi, en effet, en quelque mesure.

Suivez l'effet de votre parole. — Mais, surtout, observez vos élèves, suivez sur leur physionomie l'effet de votre parole ; lisez sur leur visage l'attention, l'intérêt, la curiosité et aussi la distraction, l'indifférence, la fatigue. Vous n'êtes pas compris, l'attention baisse, ayez recours à une comparaison, à une image ou, plus simplement, interrompez l'exposé, qu'un brusque silence succède à votre parole et qu'ensuite une interrogation précise rappelle les paresseux ou les distraits à l'objet de la leçon. Ne vous acharnez pas d'ailleurs à prolonger un exercice quand l'intérêt en est épuisé ou quand vos élèves ont déjà donné tout l'effort intellectuel dont ils sont capables. La limite des forces de vos élèves doit marquer la limite de votre leçon.

Un conseil de probité. — Je voudrais clore ces directions relatives aux leçons par un conseil de probité. Certains candidats — et de bons et de médiocres — font parfois devant les commissions des leçons déjà faites, traitent des sujets déjà étudiés et appris par les enfants. La commission n'entend pas une « leçon », elle assiste à une « représentation », et ce n'est pas une première. Je n'insiste pas sur l'immoralité de ce procédé et je ne me demande pas ce que les élèves doivent penser de leur maître et de son manque de sincérité. Je voudrais seulement vous convaincre de l'inutilité d'une telle pratique. Et d'abord, les sous-commissions, ne sont point dupes de cet artifice : le peu d'intérêt que les enfants prennent à la leçon contraste trop avec la sûreté de leurs réponses — qui devancent souvent la question ou l'exposé lui-même — pour qu'aucun doute soit possible. Les candidats qui « servent » ainsi sans scrupule des leçons maintes fois faites « en vue de l'oral » paraissent croire qu'ils seront jugés sur les réponses de leurs élèves. C'est une grave erreur ; les connaissances des écoliers nous sont le jour de l'examen tout à fait indifférentes. Nous voulons *juger le maître*, nous rendre compte s'il sait enseigner, s'il sait faire naître et soutenir l'attention, s'il sait accomplir l'effort ingénieux et patient qui fait passer une parcelle de vérité dans l'âme enfantine. Voilà ce que la commission attend de vous; elle est indifférente aux récitations artificielles de vos petits perroquets.

Préparation des devoirs. — Après les leçons viennent les devoirs. Je vous ai dit, à propos de la préparation de la classe, quelle est l'importance des devoirs au point de vue éducatif et quelles sont les qualités d'un devoir bien choisi [1]. Je n'y reviens pas. La leçon terminée, préparez oralement avec les élèves le devoir d'application que vous leur proposez. Vos directions seront d'autant plus brèves que vos élèves seront plus avancés, plus entraînés au genre de travaux que vous leur donnez, plus aptes à faire preuve d'initiative et d'effort personnel.

La correction des devoirs : son utilité. — 1° Pour le maitre. — La correction des devoirs, si souvent escamotée ou supprimée faute de temps, est un exercice de première utilité. Elle vous renseigne sur la valeur de votre propre enseignement autant que sur les progrès de vos élèves. Si le devoir a été bien exécuté par l'ensemble de la division, c'est qu'il était bien choisi

1. Voir Quatrième Entretien, p. 62.

et que la leçon qui le précédait a vraiment porté. Vous pourrez le lendemain aborder une autre question. Si l'exercice est mal fait, c'est qu'il n'était pas approprié à la force des élèves ou que la leçon n'a pas été comprise. Et vous trouvez dans ces constatations les plus utiles indications pour la préparation de votre classe. Les fautes des élèves autant et peut-être plus que leurs réponses vous renseignent sur leurs aptitudes, leurs défauts d'esprit et leurs connaissances.

2° Pour l'élève. — Une correction bien conduite est un excellent exercice de culture intellectuelle. La correction qui doit être collective et suivre immédiatement l'exécution du devoir, est faite par les élèves sous la direction du maître[1]. Chaque écolier doit découvrir dans son propre devoir les négligences ou les erreurs qu'il contient et les corriger lui-même à fond. Il est essentiel que l'enfant soit habitué à regarder en face ses défaillances et à les réparer. Tout acte est une habitude qui commence ; l'erreur est donc une source indéfinie d'autres erreurs. Pour y mettre fin, il faut donner à l'activité de l'enfant une orientation contraire, c'est-à-dire l'obliger à refaire lui-même le raisonnement mal fait s'il s'agit de problèmes, à écrire correctement le texte incorrect s'il s'agit de devoirs de français, orthographe, vocabulaire, rédaction, etc. Il n'est pas d'ailleurs de

1. La correction des devoirs... a lieu pendant les heures de classe auxquels se rapportent ces devoirs... Dans la règle, les devoirs sont corrigés au tableau noir en même temps que se fait la visite des cahiers (arrêté du 18 janvier 1887, art. 19, § IV).

meilleur procédé pour obliger l'enfant à triompher de sa paresse et de son étourderie. Et ne me dites pas qu'une correction ainsi faite exigera beaucoup de temps et que vous en avez bien peu, car je vous répondrais qu'il n'en est pas de mieux employé et que vous ne pouvez faire œuvre plus profitable.

*
* *

Objet de l'épreuve orale. — L'épreuve orale du certificat d'aptitude pédagogique comprend : « 1° l'appréciation de cahiers de devoirs mensuels ; 2° des interrogations en rapport avec les autres épreuves déjà subies par le candidat et portant sur des sujets relatifs à la tenue et à la direction d'une école primaire, élémentaire ou maternelle ou sur des questions de pédagogie pratique. »

Appréciation des cahiers de devoirs mensuels. — Le texte officiel ne dit pas si les cahiers de devoirs mensuels[1] soumis à votre appréciation appartiennent à d'autres école ou à la vôtre ; les commissions sont donc libres de leur choix. L'examen de cahiers venus

1. Arrêté organique du 18 janvier 1887 (extrait).

Art. 15. — Chaque élève, à son entrée à l'école, recevra un cahier spécial qu'il devra conserver pendant toute la durée de sa scolarité. Le premier devoir de chaque mois dans chaque ordre d'études sera écrit sur ce cahier par l'élève, en classe et sans secours étranger, de telle sorte que l'ensemble de ces devoirs permette de suivre la série des exercices et d'apprécier les progrès de l'élève d'année en année. Ce cahier restera déposé à l'école.

d'un autre établissement n'est pas toujours probant. Dans l'ignorance où ils sont des leçons faites et des connaissances des élèves, les candidats n'expriment le plus souvent que des appréciations vagues et approximatives. Aussi certaines commissions préfèrent-elles interroger l'instituteur stagiaire sur les cahiers — mensuels ou quotidiens — de sa propre classe. Le candidat peut ainsi formuler des opinions en connaissance de cause. Son examen doit porter sur le choix des exercices, leur progression et les corrections. Vous connaissez les règles qui doivent guider le maître dans le choix des devoirs et je viens de vous dire pourquoi et comment il faut faire la correction. Vous examinerez donc dans quelle mesure les devoirs et les corrections répondent aux règles déjà formulées. Vous exprimerez en termes modérés et précis l'opinion que vous vous serez faite. En comparant une assez longue série d'exercices, vous pourrez constater s'ils présentent des difficultés graduées, si le maître a su dans leur choix observer une progression rationnelle répondant à la fois à l'étude des programmes et aux progrès des élèves. Le soin que vous apportez vous-même dans le choix des devoirs, l'expérience acquise, vous permettront sans doute de formuler à propos des remarques justes ou intéressantes.

Interrogations sur la pédagogie générale. — Les interrogations, qui constituent la seconde partie de l'épreuve orale porteront soit sur la pédagogie générale, soit sur votre classe même et les exercices auxquels la commision a assisté. En ce qui concerne les questions d'ordre général, je ne peux que vous renvoyer aux précédents entretiens sur le *Plan d'études* et les *Lectures pédagogiques*. C'est dans vos cahiers de notes que vous trouverez la matière des réponses à faire à la commission.

Discussion de vos procédés personnels. — Les applications des notions de pédagogie générale à votre classe tendront à expliquer et, si possible, à justifier votre pratique personnelle. Si votre enseignement est raisonné, si vous vous déterminez toujours d'après un motif, faites connaître ce motif à la commission. Ne cherchez pas à deviner ce que tel ou tel de vos juges pense sur une question, mais dites ce que vous en pensez vous-mêmes. Surtout n'inventez pas une explication d'après coup qui n'aurait ni justesse ni portée. Si une exception à un principe général se justifie par un motif particulier que vous seul connaissez et qui a échappé à la clairvoyance de la commission, exposez ce motif avec mesure et fermeté : quand vous vous sentez dans le vrai, défendez-vous, on vous saura gré de votre indépendance. Mais sachez aussi vous rendre à l'évidence, reconnaître vos erreurs avec bonne grâce, accueillir les critiques justes avec bonne humeur, Mais comment donner des règles précises pour un échange de vues improvisé des deux parts, où vous devez montrer que votre activité professionnelle est intelligente, méthodique, réfléchie, — qui permettra à vos juges de s'expliquer tel ou tel de vos défauts et de rendre justice à toutes vos qualités — qui vous permettra à vous-même, si vous avez quelque esprit de finesse, de démêler l'opinion qu'ils ont de vous?...

CONCLUSION

Dans l'ancienne organisation du travail en France, le compagnon pour être proclamé « maître » devait subir une série de difficiles épreuves dont la dernière était la production d'un « chef-d'œuvre ». Moins exigeants ou plus généreux, vos collègues et votre Inspecteur n'attendront pas un « chef-d'œuvre » pour vous octroyer vos titres de « maîtrise ». Il leur suffira de découvrir en vous les « aptitudes » qui vous permettront plus tard de modeler avec art l'âme enfantine. Pour l'heure, ils vous feront crédit si vous leur prouvez que l'âge et l'expérience aidant, vous saurez, à votre tour, façonner des « chefs-d'œuvre ».

Et c'est vous dire que votre éducation professionnelle ne sera pas finie le jour où nous aurons constaté votre « aptitude pédagogique ». A dire vrai, vous devrez la continuer pendant toute votre carrière. A tout âge, tenez-vous au courant, expérimentez les procédés nouveaux, sachez vous entretenir et vous renouveler. Oh ! les classes mortes où depuis un quart de siècle sont refaits les mêmes gestes, redits les mêmes mots;

où la pensée a cédé le pas au mécanisme ; où l'effort intelligent et joyeux est remplacé par une activité monotone et stérile ! et combien je leur préfère les maladresses et l'imprévu de votre jeune et vivante inexpérience. Puissiez-vous ignorer toujours l'indolente quiétude des gens satisfaits d'eux-mêmes, échapper à l'influence dissolvante de la morne routine. Vous êtes aujourd'hui épris de progrès et vous dépensez joyeusement pour vous perfectionner votre ardeur juvénile : conservez jalousement vos forces intactes, votre pensée vivante, votre passion du mieux, et, tout en vieillissant, sachez rester jeunes.

INDEX ALPHABÉTIQUE

J

L

M

N

O

P

Q

R

S

T

U

V

CHARTRES. — IMPRIMERIE DURAND, RUE FULBERT.

9550. — Paris. — Imp. Hemmerlé et Cie. — 1-09 (N° 590)

www.ingramcontent.com/pod-product-compliance
Ingram Content Group UK Ltd.
Pitfield, Milton Keynes, MK11 3LW, UK
UKHW020158200726
13856UKWH00003B/1069

9 782013 554602